品　质　源　于　责　任

2013年11月11日，《新京报》创刊十周年，在中关村大街，4岁的浦暄晨和爸爸一起卖《新京报》。

2013/12
THE BEIJING NEWS
MEDIA RESEARCH
新京报 传媒研究
第三卷
纸媒转型
新京报传媒研究院◎主编
新京报

THE BEIJING NEWS MEDIA RESEARCH

新京报 传媒研究

新京报传媒研究院 主编

第三卷

南方日报出版社
NANFANG DAILY PRESS
中国·广州

图书在版编目（CIP）数据

新京报传媒研究·第三卷 / 新京报传媒研究院主编．— 广州 ：南方日报出版社，2014.1

ISBN 978-7-5491-1022-3

Ⅰ．①新… Ⅱ．①新… Ⅲ．①传播媒介－中国－文集 Ⅳ．① G219.2-53

中国版本图书馆 CIP 数据核字（2013）第 302853 号

Xin-JingBao Chuanmei Yanjiu

新京报传媒研究

第三卷：纸媒转型

新京报传媒研究院 主编

出版发行 南方日报出版社
地　　址 广州市广州大道中 289 号
电　　话（020）83000502
经　　销 全国新华书店
印　　刷 广州市怡升印刷有限公司
开　　本 787mm×1092mm 1/16
印　　张 13.25 彩插 0.5
字　　数 200 千字
版　　次 2013 年 12 月第 1 版
印　　次 2013 年 12 月第 1 次印刷
定　　价 28.00 元

投稿电话：020-83003364 83004106
网址：http://media.nfdaily.cn
发现印装质量问题，影响阅读，请与承印厂联系调换。

卷首 PREFACE

曹保印　执行主编

理想不灭，纸媒不死

编《新京报传媒研究》第三卷的时候，正好是冬天。北京的冬天，天气很冷，雾霾很重，很多人艰于呼吸，甚至不敢呼吸。自由呼唤新鲜的空气，早已经成了奢望，口罩成了越来越多人出门的生活必备品。

然而，这又能怎样？马路上，汽车依然在拥堵中行驶；大街上，人们依然在雾霾里穿行。北京并没有因此死去，西山的红叶依然美丽，潭柘寺的钟声依然响亮。之所以如此，是因为人们并没有对北京绝望，更没有对北京的未来绝望，而只要不绝望，就一定会有希望。

不过，对传统媒体人来说，还有另一种形式的冬天，也正在传说中轰轰烈烈地到来。很多人信誓旦旦地像先知一样预言，传统媒体的冬天已经到来，在不久的将来，传统媒体特别是纸质媒体必死。这其中，不乏纸媒人自己，有时候，纸媒人声称纸媒必死的声音，居然还是异常响亮的。究其所据，不外乎移动终端时代的到来，将彻底侵占纸媒的地盘，人们将不再需要通过阅读纸媒获取信息，手指轻轻一点，海量信息便会如喷泉一样从移动终端涌出，免费、快捷而且环保。

必须承认，移动终端的普及，必将引发整个人类世界多米诺骨牌式的多领域、多层次、多样态的革命，人类将会从此进入一个全新的美丽新世界。这是毫无疑问的。然而，革命是否一定意味着打破乃至毁灭全部的“旧世界”，重塑甚至于重造一个“新世界”，就像秋风扫落叶一样？事实恐怕未必会如此。否则，“旧世界”将往何处去，“新世界”又将从何处来？没有了“旧世界”的土壤，“新世界”的种子又将在何处生根？更不必说发芽、开花、结果。

就像北京的冬天和雾霾，只要我们对春天的到来不绝望，春天就一定会到来；只要我们对蓝天、绿地、碧水的期待不绝望，雾终究会散去，霾也一定会远离，蓝天白云、绿地红花、碧水游鱼，都不会是遥远的梦想。同样的道理，作为纸媒人，只要我们对理想不丧失热情，对未来不丧失前进的方向和动力，始终满怀对公平、正义、良知、爱与美的真挚向往与追求，纸媒不但不会死，反而会活得更持久、更美好、更具品质，也必将更有影响力。就像新京报的社歌所唱，“我的纸里包着我的火，我的火里燃着我的光”。

十年前的2003年，当《新京报》即将创刊之时，包括传媒界部分著名学者在内，很多人预言新京报“一出生就必死无疑”，种种分析理由煞有介事；更有人搬出气候说，说南人不习冬战，《新京报》创刊前降下的第一场大雪，就是给新京报一个颜色看看，让《新京报》过不了第一个冬天。然而，他们没有想到，这场大雪的考验对《新京报》来说，恰恰是瑞雪兆丰年，使《新京报》真正做到了“一出生就风华正茂”，一路风雨走到了2013年，并且继续沐风栉雨走向2014年。

风雨十年，新京报人靠什么走过了十年，又将靠什么走向下一个十年？一言以蔽之：风骨。有风骨，才会有风采；有风骨，才会有风流。在新京报人身上，风骨早已化成了DNA，无论时间如何流逝，人与物如何变迁，新京报人始终致力于办一份以责任为灵魂的报纸，办一份记录时代步伐的报纸，办一份进步、美好的报纸。所谓“品质源于责任”，在《新京报》和新京报人身上得到了淋漓尽致的呈现。

事实上，当《新京报》转身全媒体之后，“品质源于责任”的办报理念，不仅没有被削弱，反而日益在加强。与此同时，纸质版《新京报》与新媒体版《新京报》，相互映衬，彼此取长补短。这样，选择《新京报》，就是选择与进步、美好同行，无论受众是翻阅纸质版新京报，还是点击新媒体版《新京报》，都会感受到浓郁的《新京报》气息。这是一种洋溢着进步的气息，一种飘散着美好的气息。在雾霾浓重、PM2.5屡屡爆表的北京，能够每天自由呼吸这样的气息，“绝望”两个字就会从受众的字典里悄悄溜走，而美好的“希望”又将会像夜空的星星一样闪亮。

因此，虽然本卷聚焦传统媒体转型，但并不意味着加入唱衰传统媒体特别是纸媒的大合唱；当然，也并不刻意回避各种反省、质疑、极端否定传统媒体的观点。相反，我们努力让读者听到尽可能多的声音，从而能够从尽可能多的角度观察、分析、解决传统媒体的转型问题。我们相信，在坚守自身信念的前提下，他人的鼓励令人温暖，而他人的质疑则会让人冷静，所以，多一份温暖不多，多一份质疑也同样不多。为此，本卷特别专访新京报总编辑、本刊主编王跃春，她的观点令人耳目一新，而又角度独特，可供媒体同行特别是纸媒从业者省思。

在第三卷上，我们还刊发了邵飘萍与《京报》的史料性文章，以及梳理历史上的报刊创办权的文章，这些文章都能够站在历史的高度，去洞察新闻时局。所谓“读史使人明智”，就是因为站在了历史的高度，在历史与现实的坐标上，找到并且掌握了精妙的平衡点。从这个意义上说，在传统媒体与新媒体这个坐标上，也一定有精妙的平衡点，而如何找到它，掌握它，运用它，则考验着所有媒体人。为此，我们愿和读者一起上路，在北方即将飘舞的漫天大雪中，去踏雪寻梅。

新京报传媒研究

新京报传媒研究院 主编

2013/12 第三卷

目录

特别聚焦

SPECIAL FOCUS

纸媒转型

今日全球传媒界，关于“报纸到底会不会消亡？在当下的境况，报纸该不该转型？又该如何转型？”等一系列话题，一直在纸媒业界和学界争论不休，本专题试图通过来自报业、互联网行业以及纸媒学界对以上问题的观点交锋，为正在转型之路上摸索的纸媒人带来一些启发。

午会死　但不是死于新媒体冲击

媒研究（以下简称“传媒研究”）：对于“报纸必亡”的论意，你的判断是什么？

报纸或者说纸媒的死亡是有可能的，但我认为纸媒的死亡，并冲击所造成的。报纸如果都死了，不是死于市场，也不是死于竞争，而是死于体制。

：为什么不是死于新媒体的冲击？

首先，目前媒体管理执行的是双重标准，对网络和传统媒体的，控制媒体和舆论而不是信任、引导。其次，在政策上没有上任由唱衰报纸。比如禁止在地铁里卖报，加速瓦解人们阅读还有报刊亭的萎缩，郑州甚至拆除全市的报刊亭。书店、报刊是纸媒发行体系的终端生命线，城市的管理手段却在压制它的

：也许政府更愿意投入和关注的是数字信息亭。

单纯地赶时髦，是一种没文化的表现。就像不去创作更多好的建更多剧场一样，剧场很多就是文化繁荣吗？你有优秀的戏剧？数字媒体只是一种载体，一种媒介，我并不反对发展这些，承载内容，内容才是最关键的。所以对于“报纸必亡”的论担心。关于这个话题，十年前就已经在讨论，未来报纸无非是么是报纸的“纸”作为载体不存在了，新闻内容通过另外的媒报纸变成一种奢侈品，走更加精致化的路线：精品的内容，精英的受众人群。

困境　新闻的死亡才是最可怕的

：现在很多喊纸媒必亡的，恰恰有一部分是纸媒人，就好自己的鼻子说：你必死！

从十年前互联网开始崛起，针对这一话题，基本上来自两大

深|度|访

王跃春：纸
——坚守新闻专

曹保印

报纸也许会死，但不
冲击，王跃春认为
是最令人担忧的，在
应迷失，而是要做好
续坚守新闻专业主义

报纸也

新京报传

断，你是否

王跃春：

不是新媒体的

互联网时代的

传媒研究

王跃春：

的标准是不同

支持，在舆论

报纸的习惯。

亭、地铁，这

发展。

传媒研究

王跃春：

戏剧，而是去

吗？有内容吗

但最终还是要

断，我并不太

两条出路：要

介传播；要么

美的制作，精

真正的

传媒研究

比是自己指

王跃春：

阵营：互联网阵营的人，异口同声唱好互联网的，不管他们之间有多么激烈的竞争；而传统媒体就很奇怪，一定是唱衰自己的，无法形成稳固的利益联盟。

传媒研究：这是出于什么心态呢？是因为传统媒体人没有了理想，没有了激情，还是因为被互联网人给忽悠了？

王跃春：主要还是因为传统媒体人在做内容的过程中受到了很大限制，承受很多压力，从而对前景不够看好，跟着互联网人一起唱衰传统媒体，说报纸会死掉等等，也是一种对不满和压抑的宣泄。其实，我不担心报纸死亡，我担心新闻的死亡，这才是最可怕的。

传媒研究：你指的是新闻本身的死亡，还是新闻在纸媒这一载体上的死亡？

王跃春：就新闻本质而言，虽然在互联网时代，传播渠道、信息来源、技术手段等发生了非常大的变化，但在内容与思想创造的本质上，新闻从产生、生产、议题设置、传播到最后升华为观念和思想，100多年没有改变过。新闻的核心价值就是挖掘真相、讲真话。现在最大的悲哀是一批新闻人转行，因为失望、无力或焦虑而放弃继续做新闻，这个行业的专业水平和专业能力无法持续地提高。人才的流失、新闻的衰退才是当下传统媒体最大的困境。

传媒研究：你刚才说十年前就有唱衰纸媒的声音，而《新京报》又恰恰是在十年前创办的，那时候创办者们也都是满怀激情，并坚信纸媒肯定不会死，但十年过去了，《新京报》的未来会是什么样？

王跃春：《新京报》的未来不取决于怎么想，而是取决于我们现在怎么做。对于每个媒体人或者每个媒体来讲，首先要把自己该做的事想清楚，想清楚如何生存下去。比如《新京报》，目前最主要的还是要继续做好主业，把这份报纸办好。因为这张报纸还在挣钱，还在养活2000多名员工。如果我们因为环境而焦虑，因为前途而乱了今天的阵脚，那就得不偿失。所以我们还在操心着新闻专业主义的实践，操心着内容品质和思想价值，操心着如何办一份有尊严的报纸。坚守理想和专业，是我们的选择，因为这是我们安身立命的东西，是尊严所在。我们相信，有尊严才会有价值。只要有这种价值在，无论媒介本身发生什么样的变化，一定可以走下去。

纸媒的出路　媒体融合的孵化器

传媒研究：照你上面所述的观点，你是不是认为现在的纸媒转型其实是伪问题？

王跃春：现在的问题是说得太多，做得太少。中国媒体转型面临的难处在于，我们很多东西是反常识的，比如报纸的定价与实际成本倒挂，比如门户网站、新媒体廉价甚至无偿使用报纸内容，比如收费阅读的不可行，几乎所有国外媒体的成功经验在中国都走不通。

十年前，我们就在说，只要想办法把传播渠道从单一的一张报纸，拓展到网络传播，并且在这个二次传播的过程里，能挣到钱，然后再扩大内容生产规模。但直到今天，困境仍是：传播渠道多了，收入为什么还会下降？

传媒研究：这种状况下，如果我们不再卖版权给网站，行吗？

王跃春：也许死得更快，因为影响力会减弱，影响力没了，广告从何而来？我觉得，真正的转型，应该是媒介的融合，传统媒体与互联网公司的融合。但阻力仍然来自对体制的突破。

传媒研究：那么在各种不能的情况下，自己做网站，自己做App和其他新媒体，但纸媒与他们相比，差距很大，往往是勉力为之。《新京报》是希望通过全媒体能够得到更好的发展呢，还是看到大家做，我也做，一味跟风？

王跃春：新媒体必须要去尝试。虽然我们并不清楚现在做的这APP产品、微信产品将来会发展成什么样子。目前的新媒体产品还都是以整合采编内容和资源作为核心，换一个渠道、换一种方式去传播我们的内容与思想。我们现在有网络版、Pad版、手机版、微博版、微信版的《新京报》，也在新闻、书评、汽车、房产、家居、体彩等领域开发了App产品，还运营着理财、书评、时尚等多个微信订阅客户端。可以说几乎每一个采编部门都在做报纸的同时，参与新媒体项目的运营。今后还将在更多的垂直化领域开发新媒体项目，这个方向是必然的。

我们称之为垂直化的全媒体发展。今后，《新京报》的每个特色板块都可能进行垂直化的全媒体发展，甚至实现公司化运作。这两年《新京报》全面推行行业周刊的事业部制运作，在房产家居、汽车、旅游、时尚、教育、食品健康等行业，每个行业周刊对应一个事业部，其中有采编人员、经营人员、新媒体人员等，一个事业部同时运营报纸周刊、杂志、新媒体、行业广告、活动等，在这个行业里调动资源、精耕细作。就像戴自更社长所提到的“各个突围”，明年这种模式还将拓展到更多的行业，运营方式也将更加多样化。如果这个我们能走成功的话，就是《新京报》的转型之路。十年来，《新京报》积累了丰厚的资源和品牌影响力，这是核心竞争力，如何运用这些核心竞争力，将《新京报》从一份报纸转型为一个媒体平台，让更多优质的报纸板块转型为更具生命力的全媒体，这是我们正在谋划实施的。

记者不会消失　最关键是喜欢做新闻

传媒研究：作为一个老记者，你觉得记者作为一个职业会不会消失？

王跃春：新闻不死，记者就不会消失。我是非常反感“人人都是记者”这一说法的，人人都会做饭，就不需厨师了吗？我们身处这个行业，应当捍卫这个行业的尊严。

的确，UGC（用户生产内容）是互联网时代的重要特征，互联网时代的媒体，包括报纸，离不开UGC，但UGC与记者报道新闻、与专业媒体的内容生产，是两回事。专业与非专业是有很大差距的，只要存在社会分工，只要新闻人自己不放弃，不甘于平庸。相反，如果自我放逐、不思进取，那一些记者就真的连普通网民都赶不上了，这才是最大的危机。

所以我特别想对同行呼吁的是：想清楚你要什么，怎样才能活出自己的价值来。有价值，才会有尊严；有尊严，必然会有价值。一个人如此，一个媒体也是如此。所以，比谈论媒体转型更重要的，是守护自己的价值与尊严，是回到我们出发的地方：我们是做什么的，我们如何追寻真相、讲真话，如何推动社会的进步，如何改变他人也改变自己的环境。

传媒研究：现在的年轻记者，与你当记者时相比或者在《新京报》创立之初的记者相比，有差距吗？有的人认为，现在的年轻记者没有之前那么有理想、有抱负了。

王跃春：我倒不这么觉得。在大多数情况下，还是取决于他们所在媒体的环境和企业文化。就拿今年我们招进来的这些年轻记者来说，表现都很好，在新闻理想、敬业精神、学习能力等方面都挺不错的，成长非常快。

传媒研究：报社在招他们进来时，看中的是什么？

王跃春：首先是对于新闻的兴趣，也就是好奇心。关键是要喜欢这个行业，这个才是第一位的，后天的那种东西，比如写作能力啊，采访突破能力啊，思考问题能力啊，你只要喜欢这个行业，这些都不是问题，好奇心是一切的开始，你有好奇心就能提出好问题，能提出好问题就能成为一个好记者，能把这些好问题的答案写出来就是一篇好文章。

传媒研究：当前的新闻生产流程，和20年前比起来，应该发生了很大的变化，《新京报》在这一点上，如何借鉴互联网的方式为报纸服务？

王跃春：我们从三年前就提出“办互联网时代的报纸”，从去年开始，我们又倡导“四化”：杂志化，视觉化，深度化和差异化。同时，我们还提出全面拥抱互联网，倡导以读者为中心，强调阅读体验，因为互联网最核心的就是用户体验。

在今天，信息量大而全对一份报纸而言，已经不重要了。更快更深更精对编辑记者们提出了更高的要求，要抓大放小、有所取舍，在很短的时间内把最重要的新闻做大做全做透。比如，《中共中央关于全面深化改革若干重大问题的决定》在周五晚上7点公布，我们用六七个小时，从采访到编辑，做出了26个版的全方位解读。当天的报纸不到中午就全部卖光了。而同一天其他报纸最多只做了六七个版。这正是新闻媒体的力量，任何时候，人们都是需要新闻的，都需要有人告诉他发生了什么事情，怎么看待这件事情，将来会怎么样。我们就是干这个的，这是最核心的。当然，现实的挑战也非常大，我相信《新京报》现在有能力应对这一挑战，与其只顾着焦虑和彷徨，花很多时间讨论我们怎么办，还不如放下焦虑，想到就去做。做了才知道结果，不做只讨论是没有结果的。

传媒研究：当很多人很焦虑的时候，你还是怀着这种很阳光的心态，是不是跟你的性格有关？

王跃春：我很喜欢白岩松说过的一句话：做新闻的人，沮丧常有，当你特别悲观迷茫的时候，总会有新的新闻把你给救了。这是对新闻人最好的概括。

（作者系新京报社总编辑、本刊主编）

观 | 点 | 交 | 锋

事业还是企业？投入还是投资？

——关于传统媒体转型的十个方向性思考

孟 波

新旧媒体都在谋求转型，在这媒体百年未有之变局到来之际，对传统媒体而言，又何尝不是一次弯道超车的机会呢？

2013年的媒体市场，是跑马圈地、诸侯混战的一年，也是刀光剑影、高潮迭起的一年。电商巨头亚马逊以2.5亿美元收购《华盛顿邮报》；阿里巴巴以5.86亿美元入股新浪微博；百度以3.7亿美元收购PPS视频，以19亿美元收购91无线；腾讯以4.48 亿美元战略入股搜狗；华谊兄弟收购游戏开发商银汉科技；凤凰传媒子公司凤凰数字传媒收购手游公司上海慕和股权；浙报传媒收购边锋网络和浩方的申请终获证监会审核通过……

横看成岭侧成峰，乱花渐欲迷人眼。纷繁复杂的背后，是各路诸侯对入口的争夺、用户的争夺，更是为未来媒体竞争谋篇布局。每一次交易背后那令人咋舌的数字，预示着媒体竞争的门槛越来越高。

此消彼长，水落石出。2013年，互联网广告总量也继2012年超过报刊广告之后将再次超越电视广告。

那么，传统媒体在此形势下何去何从？传统媒体在发展中遭遇了哪些瓶颈？明天又如何转型？我愿意分享我的一点思考。

一、传统媒体发展遭遇的十个瓶颈

1. 不重视用户体验

互联网每小时，甚至每分钟都掌握用户对一条新闻是否满意，看看点击地图和评论留言就可以了。而报纸呢？要等“读者来信”，或者要做用户调查。因此，对用户意见的收集和反馈周期过于漫长了，以至于无法快速指导媒体生产。

2. 不易互动

和第一点相近，即使是重视用户体验，获取手段也比较陈旧。

3. 生产成本高企

每个传统媒体都引以为豪的一点，就是拥有大批的采编队伍、大批的发行队伍。但是反过来看，这同时也是一种成本。而印刷、纸张成本则几乎成了每个纸媒最难以言说的“沉默成本”。

4. 生产方式不低碳

印刷和纸张造成的环保问题，毋庸赘言。

5. 资源浪费

媒体手中的大量企业、社会资源没有效益最大化；大量的内容未能二次利用，造成资源浪费。

6. 生产力落后即技术驱动力弱

近年来，随着激光照排、编辑数字系统、二维码等问世以后，报业鲜有重大的技术创新和产品创新。与此同时，互联网媒体的新业态、新技术、新产品层出不穷：BBS（论坛）、Blog（博客）、空间、IM（即时通信）、微博、社交平台，搜索、视频、电子商务，手机输入法、移动浏览器、客户端……

7. 同质化严重

同质化在互联网媒体竞争存在，但传统媒体竞争中更加凸显。几乎每个副省级以上的城市都会有若干家定位相同或相似的纸媒。

8.表现手段单一

除了文字和图片，几乎不提供别的产品

9. “广播式传播”模式落后

对受众而言，“One To N”类的“广播式传播”已经落伍，必然要被个性化的定制化取代。

10.机制落后

这个无须过多解释，传统媒体天生具有国有企业和事业部门固有的弊端。

二、传统媒体转型的十种可能

传统媒体转型其实最重要的是心态，要敢于放弃那些曾经闪亮的东西，否则，这种闪亮的东西可能遮蔽你瞭望的双眼。诺基亚不肯放弃曾经辉煌的Symbian（塞班系统），结果把自己弄得眩晕，从舞台最高处跌落下来。

1.由“内容供应商+出版商”向内容供应商转变

众所周知，电视台不须卖电视机、电台不须卖收音机、互联网站不须卖电脑。但是报社却要卖报纸，而且卖报纸往往赔钱，卖得越多，赔钱越多。那么为什么不能不卖报纸呢？纸媒由“内容提供商+出版商”向内容提供商转变，只提供内容服务，不再提供报纸服务，如何呢？一个成功的模式是CFP的图片社模式。内容的供应和分发，完全可以通过互联网、App的路径来实现。

2.由文字供应商向全媒体内容供应商转变

传统媒体庞大而专业的原创采编队伍，除了可以生产文字和图片，还能够生产视频、音频、Flash、漫画、图表等等。提供全媒体产品，既有可能，又有必要。需要排除的误区就是——以为全媒体就是每个记者配备一部相机和摄像机就万事大吉了。

3.由“供货式”的供应商向“订货式”供应商转变

报纸原来的供应模式是，我提供什么你消费什么，消费者非常被动不能选择。现在要根据消费者的定制需求进行供货，由大众化走向定制化、走向个性化。

4.由每天供货向全天供货转变

原来是日报生产机制，一般24小时供货一次。但是现在应当打破生产周期，每当有新产品时可以随时上市，不再有截稿时间。

5.由全面供货向垂直供货转变

每个媒体在内容产品方面都有自己的优势和劣势，只有放弃劣势、扩大优势才能在竞争中占据优势。在提供产品时，应该由大众走向窄众，走向细分，由大众走向精品。

6.由全部原创向众包转变

众包指的是一个公司或机构把过去由员工执行的工作任务，以自愿的形式外包给非特定的大众网络的做法。

虽然传统媒体有一支强大的原创队伍，但与更为广大的公民记者队伍比起来还是不成比例的。如果把公民记者发动起来参与报道，就是一种报道众包。

iStockphoto是美国一个图片共享和交流网站，每张图片价格仅在1美元到5美元之间（尺寸、像素非常大的图片最高售价也不超过40美元）。它之所以能提供如此廉价的图片作品，完全得益于它的2.2万名业余摄影爱好者的贡献，他们的照片每被使用一次，仅获支付几十美分（后以5000万美元的价格被盖蒂图片社收购）。[注1]

这一点和中国的CFP非常相似。2007年7月开始，美国网络报纸《赫芬顿邮报》启动了一个名为“Off The Bus”（简称OTB）的公民新闻项目，在普通民众中间招募大量志愿者共同参与总统大选的报道。网站将一个采访任务分配给数十个乃至上百个公民记者。比如跟踪奥巴马在十几个州的拉票过程，分给100名普通人。他们每人每天花上1个小时，100人的力量加起来就能完成1个记者两个月才能完成的工作。他们将自己看到的情景记录下来，交给OTB的编辑，最后由编辑根据这些素材写出一篇完整的报道。[注2]

注2：《生死之间，见报业转机——*The daily*之死与<赫芬顿邮报>之生的对比》刘珊《媒介》http://www.meijiezazhi.com/zt/wl/2013-09-16/12823.html）。

在OTB项目中涌现出了梅希尔·福勒这样一夜成名的草根博客记者。这位61岁的业余新闻爱好者是最早参与OTB项目的300名志愿者之一，她先后发掘报道了奥巴马在党内初选期间贬低宾夕法尼亚州工人阶层选民的言论、前总统克林顿为妻子希拉里拉票时，对曾在文章中批评过他的某位记者进行了言辞粗鲁的反击。这两则独家新闻都引起了轩然大波，奥巴马和克林顿都不得不为其不当言论而公开道歉。前者更导致了奥巴马在宾州本就不利的初选形势雪上加霜，并最终在该州败选。梅希尔的成功激起了普通民众参与OTB项目的热情，至2008年7月，参加OTB项目的公民记者数量从最初的300人发展到了7500人。[注3]

注3：《论博客网站赫芬顿邮报之特色：聚合社群与推动交流》林磊《今传媒》http://media.people.com.cn/GB/22114/52789/205663/13015232.html。

7.由“报网互动”向“网报互动”转变

很多的传统媒体在谈“报网互动”，但是，很多媒体管理者把报网互动的方向搞错了。众所周知，传统媒体拥有巨大的政府、企业、社会等资源，这些资源传统媒体本身无论如何是消化不了的，无法得到充分的挖掘。而这些资源完全可以输送到新媒体比如网络中来。但是再观察一下，你就会发现，一些传统媒体在报网互动时往往是反方向的，奢望网站为报纸带来新的用户、新的客户，这个思路完全是错误的。我们不能从一个领先的业态里面，往落后的业态里面输送资源。而应该是反过来，应该多思考，如何把传统媒体的优势输送到新媒体上，这样才能挖掘和培育新的增长点。不能把网当作报纸的附属品，这个网是一个独立的品牌，是第二张“报纸”。

8.由“内容为王”向“用户为王”转变

现在媒体界有两种不同的说法，一个叫“内容为王”，一个叫“渠道为王”。听起来似乎都有道理，其实在用户面前，内容和渠道都必须让位，因此是“用户为王”。上面所谈到的2—5点，其实都是“用户为王”体现而已。

9.由投入模式向投资模式转变

投入和投资有什么区别呢？投入讲究产出，投资讲究效益。我们常常见到一个报业集团每年营业总额高达十几亿元，但是利润只有可怜的一两千万元，甚至亏损。这种“只把报纸当事业，不把媒体当企业”的发展理念，早晚要被淘汰。

近年来，浙报传媒集团股份有限公司提出了“传媒控制资本，资本壮大传媒”的发展理念，同时浙报集团也创立了“一媒体一公司，两分开，一本账”的运营体制，完全企业化运作，都令人耳目一新。

10.盈利模式由单一向多元转变

收入模式由单一的版面广告走向多元化。这个多元化不是指报纸开办酒店、开发房地产、投资金融，当然多元化这些不应一味地去反对，但多元化收入最终要围绕媒体上下游产生才是王道：PC版在线广告、移动版（包括WAP、App、PDA版）在线广告；PC电子版阅读收费、移动电子版阅读收费；内容授权费用；文化创意；企业增值服务等等。

媒体转型，谁都没有必胜的信心。因此，抱定必胜信心，做好失败准备，是一个理性的心态。当然不仅所谓的传统媒体在转型，所谓的新媒体互联网也在转型，在向移动转型、向社会化转型、向电子商务转型等等。不转型是等死，转型也可能是找死，但也可能是起死回生，找到那张诺亚方舟的船票。新旧媒体都在转型。在这媒体百年未有之变局到来之际，对传统媒体而言，又何尝不是一次弯道超车的机会呢？

（作者系资深媒体人、新浪网副总编辑）

面对当下，纸媒人必须要有清醒认识，既不能盲目乐观，也不必绝望悲叹。最关键的是选择正确的战略方向和战术动作。

报纸衰退中的战略选择

陈国权

广告投放锐减；读者迅速地流失；除了做报纸的人和研究报纸的人，身边的人几乎不看报……从各种情况来分析，报纸消亡还不太可能，但是，报纸的衰退似乎已无法避免，特别是都市报，被逐步地边缘化将是报纸这种纸质媒体的宿命。面对一个正在走向衰退的行业，该怎么办？

迈克尔·波特的《竞争战略》注1中提及“衰退产业中的竞争战略”，其中，有四个战略可供选择，分别是领导战略、局部领导战略、收割战略、迅速撤资战略。仔细地分析，这四个战略举措也适用于一直以来作为

注1：迈克尔·波特：《竞争战略》，华夏出版社2005年10月，第239页。

特殊产业而且也正在衰退中的报业。

领导战略

一个正在衰退的行业，并非一点机会都没有。一旦成为一个行业的领导者，至少在很长的一段时间里，仍然是有利可图的。

从报纸的角度看，由于报纸发行受区域的限制，全国的报业市场被分为由一个一个的区域组成的区域报业市场，报纸行业的领导者就是指区域报业市场的领导者。事实上，从20纪90年代中期都市报诞生以来，爆发在各个城市的报业大战从本质上说就是一场争夺谁是领导者的战斗。

在市场份额方面争取领导地位。报社的目标是成为当地报业市场中仅存的一个或少数几张报纸之一。一旦达到这个地位之后，报纸就可以转而执行保持地位或者有控制的收割战略，这当然取决于报业后来的形势。

2012年年底报业业绩盘点最抢眼的要算大众报业集团，大众报业集团2012年的财务利润达到7亿多元，这在一片萧条的报业中煞是惹火。除了其占领有线电视渠道市场份额，报纸本业也贡献了很大一部分收入与利润。其根源在于大众报业集团的区域报业整合战略使其成为整个山东报业市场当之无愧的领导者。

大众报业集团通过“产权联合，利益联结，行政推动，文化融合”的方式，以《大众日报》为龙头，整合地市党报，以齐鲁传媒、半岛传媒为平台，推进跨地区的兼并重组，从2009年开始相继做出与潍坊报业集团（2009年）、临沂日报报业集团（2010年）、菏泽日报社（2012年）以及青岛报业传媒集团（2013年）战略合作等四大动作，共同经营《潍坊晚报》《沂蒙晚报》，控股经营《鲁南商报》，统一运营《牡丹晚报》。基本完成了省内报业布局，同时也整合了省市两级的报业资源，优化了山东省内传媒产业结构。良好的资源配置使合作方报纸质量明显提升，经济效益大幅提升，利润均达到整合前的3—4倍。正在构建成为一个区域特征明显的大型传媒集团。在一个相对较为封闭的市场中，大众报业集团扮演了领导者的角色，即使行业在衰退，也能获得丰厚的回报。

领导战略的结果将是一城一报的格局，这里所谓的“一报”特指都市报，而不是党报。党报的情况比较特殊，党报肩负责任和使命，有很多非市场的因素影响，有时并不可用市场规律来预判，特将党报排除在分析之外。从2012年起所谓的报业危机很大部分是由于都市报的市场份额下降而体现出的，都市报是大部分报业集团的经济支柱，都市报产生的危机必然带来整个报业的“危机”。[注2]

注2：陈国权：《哪类报纸最先消亡？》，《新闻记者》2013年第1期。

都市报在困境面前，领导战略行为将发生作用，“第二子报”将首当其冲，成为最先的牺牲品。20世纪90年代中后期，都市报获得的巨大成功以及“暴利”前景，使新的都市报纷纷进入市场竞争中。另外，为应对新的竞争者，一些报业集团开始以“护卫舰”或“防波堤”的目的成立了第二张都市报，定位基本雷同，以与对方阵营的主报进行竞争，也不得已地与己方阵营的主报进行竞争。比如北京的《北京晨报》《竞报》《法制晚报》《信报》《华夏时报》当时皆是以上两种情况。但时至今日，报业之间面临共同的对手——新媒体，报纸与报纸之间的竞争已经退居二线了，报业竞争早就过了“攻城略地”的阶段，不需要开疆拓土。报纸也早已“非暴利”。在这样的形势下，继续亏损苦苦支撑一个“第二子报”已经没有任何战略价值。一旦某个都市报成为真正的“领导者”，“第二子报”可能最后仅仅剩下刊号以及一大堆债务。

局部领导战略

局部领导战略，就是占据细分市场。创造或捍卫在某一特定细分市场中的优势地位。比如，在雪茄烟产业里，一个主要的细分市场是高价位细分市场，这部分需求不受替代品的影响，拥有对价格不敏感的客户，较为稳定。一般来说，如果声誉需求来自对价格不敏感的客户和一些价格谈判力量不强的客户，产业在终局竞争中仍然有利可图。

即使是在产业的衰退时期，那些能够在某一细分市场中保持竞争地位的报纸仍然能够获得高于平均水平的利润，因为他们在竞争中捍卫了自己的地位。从报纸角度，现在要发现某一细分市场已经很难很难。

报纸发展到今天，已经产生了很多的分支，也就是各个不同的细分市场。党报、都市报、地铁报、文摘报、县市报、晚报，几百种不同的行业报就是几百个不同的细分市场，不同的专业报也是不同的细分市场。局部领导战略在20世纪90年代中期就在报业被成功地应用过。20世纪90年代中期，当党报这个细分市场开始出现透明的天花板时，报人们找到了都市报这个巨大的细分市场。在内容上，大规模的舆论监督，大篇幅的社会新闻、家长里短，高密度的新闻策划、活动；在经营上，敲门发行，“扫楼”“洗街”，广告则实行代理制；在管理上，打破铁饭碗，采用市场化绩效考核机制，能上能下、能进能出……与传统党报完全不同的细分内容，满足不同的细分需求，使都市报这个细分市场繁荣昌盛；但发展至今，都市报这个细分市场已经开始“变坏”，接下来，该找到哪个细分市场?

社区报是都市报寻找到的一个细分市场，对身边人的关注是人们对于报纸的细分需求。2009年8月，《新闻晨报》社区报正式推出，共与50多个街道合作创办了各个街道的社区报。在上海浦东新区就有《花木社区报》《陆家嘴社区报》《潍坊社区报》，在静安区基本实现了全覆盖，有《南京西路社区报》《曹家渡社区报》《江宁路社区报》《石门二路社区报》《静安寺社区报》等。这些社区报针对各个小区，刊登一些细得不能再细，但本社区人都关注的新闻，谁家的孩子要结婚了，25号的老中医为邻居开药方，9号楼三个老太太打麻将三缺一……每月一期，或每周一期。据统计数据，每份社区报单期发行量约为2万—5万份，发行量超过了100万份，覆盖了上海市3000多个小区。更多的报纸采用的是“深耕”社区的方式深挖社区报业资源。《楚天都市报》从2008年始开展深耕社区计划，记者几乎全部“入驻”武汉中高档社区业主群，每周至少半天在社区挂职。在开展一系列社区活动的同时，更注重以“推”的方式点燃社区居民的热情。其开展的海选“江城十大最美社区”活动总投票人次过亿。

不同的行业报也是仍然没有“变坏”的细分市场。中国邮政集团公司报刊发行局副局长戴建华向笔者透露，根据发行订阅数据，2012年，在都市报发行量大幅下滑的背景下，行业报、党报的订阅数据都没有下滑，甚至还有一定程度增长。那么，在行业报领域，成为某个行业报的局部领导，仍然大有可为。

收割战略

执行收割战略时，企业要实施的核心是节约成本，也就是开源节流中的“节流”，在“开源”乏力的情况下。然后就是从业务拥有的任何残留优势上谋取收益，以提高价格或从过去的公信力中获利。

报纸大概有以下几种收割战略可以选择。

1.报纸涨价

2013年以来，有几家报纸进行了涨价，如《环球时报》零售价从1.2元涨至1.5元，《华夏时报》和《中国经营报》也从3元涨到5元。在香港地区，2012年9月，香港《信报》加价2元至每份8元售价，此后2013年1月英文报纸《南华早报》加价1元。至此，半年多的时间里已有8家收费中英文报纸加价。这是香港收费报纸从2000年由5元加至6元之后，再次掀起加价潮。《星岛日报》《明报》《经济日报》等，也纷纷加入涨价的行列。

报纸涨价的直接受益就是增加收入，《华夏时报》总编辑水皮在谈及这一波涨价时认为，“占便宜”了，从3元/份涨到5元/份，按照近6万份的订阅量来计算，一年100期报纸、一期涨两元，《华夏时报》订阅发行收入一年就可增加1200万元。[注3]

注3：《华夏时报：因涨价多赚了1000万元》，《中国新闻出版报》2013年8月27日。

2.减少出版频次

2012年5月，美国的Advance出版集团宣布，《皮卡尤恩时报》在秋季将改为一周三天出版。Advance出版集团认为，这样变为周三报，既能节省印刷、纸张投入以及投递成本，还使NOLA.com网站成为其新闻和业务增长的中心。除了《皮卡尤恩时报》，这个集团还有33家报纸正在采用这种模式。

减少出版频次实现收割的原因在于广告主要集中在报纸一周中的几天。在美国，从理论上说，很少有广告商会安排在星期一、二、六继续做印刷广告。而在中国，周三周四周五的广告投放是最多的。因此，短时期的降低出版频次在大幅降低成本的同时并不会太大影响广告的投放。当然，这仅仅是理论上的推论。

3.报纸减版

从20世纪90年代以来，厚报模式一直是都市报的利器，动辄一天一百

版以上，甚至还创下过一天500版的纪录。注4

注4：陈国权：《再论厚报的不合时宜》，《中国报业》2008年第8期。

但是从2012年以来，在广告大幅下滑以及报社节约成本诉求的共同作用下，大部分的报纸已经大幅减版了。前几年，《北京青年报》工作日对开一百个版是常态，但是去年年底以来，报纸版面逐渐下降到工作日对开七八十个版面，休息日甚至只有20个版面。报纸减版的趋势已经越发明显，现在市面上绝大部分的都市报都在减版，多年前，笔者预言的报纸变薄的趋势已经成真。注5

注5：陈国权：《厚报不合时宜 变薄已成趋势》，《中国报业》2006年第1期。

4.裁员降薪

人力成本高昂，裁员减人倒是很好的节流方式，其代价是报纸新闻质量的降低和队伍的不稳定。美国报业编辑协会的年度员工调查显示，2011年新闻编辑部门的全职专业工作岗位净减少1000个。进入2013年，买断工龄、裁员依然接连不断。但这是美国的情况，如果是在国内，报社裁员就会遭遇很多问题，维护稳定在某些时候代价是极其高昂的。不用说报社的事业编制人员，即使是发行公司的聘用员工在遭遇裁员时都会引发剧烈的反弹。与裁员相比，降薪或许是更“柔性”一些的选择，降薪或者长期不加薪的结果是员工的主动流出，而非被裁员。报社主动裁员的举措不到关张倒闭都不能也不会轻易祭出。

诸如此类的收割战略可以说是饮鸩止渴的行为，提高价格、降低质量、中止推广等，以及其他收割战术将导致报纸更加迅速地丢失市场份额，不到万不得已不可轻易使用。但是，现在有很多报纸已经开始逐步强势推出，比如报纸涨价，涨价之后，报摊主纷纷吐槽：“价格一涨，更卖不动”。注6 报纸的获利也仅仅是暂时的。收割之后，或许离倒闭也就不远了。因此，须慎重采用。

注6：《华夏时报：因涨价多赚了1000万元》，《中国新闻出版报》2013年8月27日。

迅速撤资战略

在衰退阶段尽早清算资产，卖给接盘者。美国报业早已开始了撤资战略。近几年报纸的所有权交易十分频繁。2013年1月，甘尼特公司宣布它将搬出1917年来的办公场所——“底特律新闻”大楼，也将卖掉其在纽约州罗切斯特市的前总部大楼。更多的交易发生在整个报社的出售。《华盛顿邮报》也已2.5亿美元卖给了亚马逊创始人杰夫·贝佐斯。2012年5月，巴菲特的伯克希尔哈撒韦公司以1.42亿美元的较低价格购买了媒介综合集团除《坦帕论坛报》及其周刊外的所有63家报纸。2013年9月3日，新闻集团又宣布已将道琼斯旗下地方报纸业务出售给Fortress投资集团，他们刚买来不久，集团CEO罗伯特·汤姆逊表示地方报纸已不符合新闻集团总体战略。

实施撤资战略的前提是及早出售，一旦衰退趋势非常明显的情况下，产业内外的资产购买者将占据很强的谈判地位，比如美国的报纸收购案，发生在近期的价格就要比前几年价格便宜得多。2013年8月2日《纽约时报》宣布把旗下的《波士顿环球报》及其他新英格兰媒体资产以7000万美元的低价出售给波士顿红袜队主要所有人约翰·亨利，该价格不到20年前纽约时报公司将其买入时价格的十分之一。2012年4月，一地方投资集团以5500万美元收购《费城问询报》和《纽约每日新闻》，这两家报纸6年前曾以5.15亿美元卖出，价格相差近十倍。

而对于国内一家报社来说，其资产构成不外乎以下几项：办公大楼、土地、办公设备、印刷厂、人力资源。办公大楼、土地、办公设备无须撤资，在哪个产业基本上都能使用，办公大楼如果作为物业出租甚至可以获得比办报更高的价值。在这些资本要素中，只有印刷厂需要实施撤资战略，但印刷厂的撤资却是非常困难的，报社印刷厂的印刷机器高度地专业化。现在的趋势是报社印刷厂的机器由一线城市向二、三线城市转移，或者由东部发达地区向西部地区转移。这是种迅速撤资战略的表现。

至于整个报社资产的转让或出售，由于体制的问题，报社都是国有资产。因此，不到万不得已，一般的报社不可能在前景还不太明朗的情况下就为了迅速撤资而贸然出售报社资产。

面对报纸行业的衰退前景，我们必须要有清醒认识，既不能盲目乐观，也不必绝望悲叹。最关键的是选择正确的战略方向和战术动作。

（作者系清华大学新闻与传播学院博士研究生，《中国记者》杂志值班主编）

都市报在进行转型时，必须首先认清都市报的发展趋势、自身优势，并在此基础上结合自身的实际情况，积极探索适合自身的道路。

传统都市报的转型探析

郭全中

2012年以来，我国报业寒风劲吹，继报纸广告收入实收额大幅度下滑15%—20%之后，2013年上半年延续着这样的下滑速度，而市场化程度高、体量大的都市报又首当其冲。在这种极为不利的外部环境下，都市报再不转型就可能面临时间窗口关闭的灭顶之灾，都市报也形成了“要转型”的共识，但是“向何处转”以及“如何转”的探索依然有很长的路要走。

一、都市报业衰落的三阶段

结合国际都市报发展的实践和我国的实际，我国都市报的衰落将会分为增速趋缓、轻度衰退和全面衰退三个发展阶段。

1.第一阶段：增速趋缓时期

在该阶段，都市报整体广告经营额的增速趋缓，低于我国广告经营额的整体增速，优势都市报仍然保持较高的增速，而弱势都市报增速较低，强弱之间的差距进一步拉大。从整体上看，我国都市报目前已经处于该阶段，当然由于我国存在严重的二元经济结构，决定了我国的都市报会出现区域化级差，即当北上广深等中心城市的都市报增速趋缓甚至下滑时，一些相对落后地区的都市报整体上仍然会保持较高的增速。

2.第二阶段：轻度衰退时期

在该阶段，都市报整体广告经营额下滑，出现负增长，都市报之间的“强者愈强、弱者愈弱”的“马太效应”进一步加剧，优势都市报大幅度蚕食弱势都市报的市场份额，但是优势都市报的增速仍然不高，而弱势都市报则已呈现较高的负增长态势，甚至会出现严重亏损的情况。目前，美国的都市报和整体报业已经处于该阶段，而我国的北京、上海、广州的都市报市场也即将进入该阶段，据了解，已经有少量的都市报处于亏损状态。

3.第三阶段：全面衰退时期

在这个阶段，整个报业行业面临颠覆性的下滑，优势都市报也难以为继，而弱势都市报基本上关门大吉！

二、都市报的核心优势和能力

分析都市报可能的转型路径，首先要准确找出当前背景下都市报的核心优势和能力，那么哪些是新形势下都市报的核心能力呢？内容还依然为王吗？对优秀人才还有吸引力吗？人才还能适应新形势要求吗？相比互联网媒体的真正优势到底在哪里?

首先,“内容为王”理念已经过时。在这里,必须强调的是:无论到任何时代,内容都很重要,“内容不再为王”不等于说“内容不再重要”。在前互联网时代,由于版面、频道等的稀缺,决定了新闻和内容本身就是稀缺的,古登堡印刷术未出现之前的“抄书人”更是具有至高无上的权力和权威,而任何稀缺的内容都是有价值的,这也使得其形成独具特色的“二次销售”模式,即第一次通过发行把内容销售给用户并相应地具备传播功能,第二次再把传播功能销售给广告主。“二次销售”模式下,内容就可以形成商业闭环,自然就能收费。而在互联网时代下,我们已经进入信息过载时代,这样就导致新闻和内容不再稀缺,其价值自然也就大大降低。当然,越是信息过载时代,个性化、定制化的优质信息和内容就越值钱,而要真正实现个性化、定制化的精准信息服务就必须基于大数据基础上的用户需求精准分析,而由于都市报缺乏相应的大数据基础和技术能力,其优质内容就难以形成商业闭环,就很难赚取实实在在的真金白银。目前很多花费了大量成本生产了大量优质内容的传统媒体却很难获得用户的芳心就是明证。因此,在未来,基于大数据基础的打通了信息生产与集成、用户需求的信息服务价值链的“信息服务”才是真正的王道,而内容只是这个价值链中的重要一环。

其次,人才还能适应新形势的需要吗?互联网技术带来了第三次工业革命,互联网技术将成为社会的底层架构和基本标配,这也要求一切事业都要按照互联网的规律来思考和运作,即必须培养出互联网基因。而在传统媒体思维框架下培养出的优秀人才,大多数都难以突破自己的思维定式,更难以培养出“互联网基因”,这就可能导致这些人才不能适应互联网时代的要求,更难以帮助都市报实现转型。

再次,都市报相对于互联网媒体的优势到底是什么?首先,真的如传统媒体人常说的“采访权”吗?随着博客、微博、微信等新的传播平台的出现和繁荣,“UGC”(用户自生产)内容已经成为一个重要的内容来源,尤其是微信上已经聚集了一大批优秀的传统媒体人,大量的高质量内容不断涌现,因此,从这个角度来看,传统媒体所谓的“采访权”无非就是多一个记者证而已，但是从用户的角度来看，他们关注的只是高质量的内容，和是否有记者证根本不相关。

最后，都市报的真正优势在于其长期以来所培植出来的品牌以及在某一区域内的经营和策划能力。目前，互联网媒体基本上覆盖的是全国性市场，而在某一区域内市场覆盖最广、扎根最深的无疑是都市报，而且都市报在活动策划、区域内资源的运营能力之强当前尚无出其右者。品牌、策划和经营能力才是都市报相对于互联网媒体的真正优势所在，关键在于如何找到品牌的产业价值变现之路。

三、可能的转型路径

当前，都市报的转型之路正处于探索期，“全媒体”等各种路径都在摸索期，尚未找出一条切实可行的路，但是结合传统媒体的优势和能力，当前流行的一些路径根本不靠谱。

第一，通过产业转型来变现品牌价值。在报业收入不断下滑的前提下，都市报亟须培育新的产业支柱，而我国的都市报无疑可以通过发挥自身的经验策划能力和政治资源优势去获得各种稀缺资源，在帮助当地政府实现产业转型的基础上，实现自身的产业转型。目前，文化产业园等多种类型的产业转型方式大家都在探索，而文化旅游业和养老业都是未来新的方向。

第二，打造基于大数据的本地生活服务类资讯网站。杭州日报报业集团旗下的“19楼”和青岛新闻网是其中的佼佼者，而对于绝大多数都市类报纸来说，未来转型的关键是秉持“信息服务为王”的理念，以大数据为基础，重点发力移动互联网。当然，这要求都市报首先要从“内容基因”转变为“技术基因”，这无疑是脱胎换骨的自我革命之路。

第三，成为单纯的“内容提供商”，向各类终端、各类媒体专门提供内容。当繁华褪尽，都市报可以保留一小部分优秀的采编人才来成为专门的“内容提供商”，而把发行、经营等方面的业务剥离出去。这有可能是一条路，但是需要解决两大问题：一是心态问题，就是都市报能否接受地位的变换，毕竟从以前一呼百应、传媒业的中心舞台地位到传媒业的边缘地位，这种失落感无疑是巨大的；二是成本问题，对于依然是国有体制的都市报来说，在分流人员时，政府是否愿意买单都是未知数！

第四，当前流行的“全媒体”难以承载都市报转型的重任。一是“全媒体”本身就是伪概念，如果从全媒介的角度来说，都市报的“全媒体”概念能够说得通，但是如果从真正的全媒体来说，只有互联网媒体才是真正的全媒体，才能承载所有的新闻生产方式；二是“全媒体”不可能承载所有的商业模式，目前的“全媒体”基本上是想通过内容的一次编辑实现多渠道发布，虽然想法很好，但是这里存在着都市报和互联网媒体的商业模式不兼容的巨大问题。传统媒体采取的是“二次销售”的商业模式，而互联网媒体采取的是“免费+收费”的商业模式，无疑二者之间很难兼容，更难以取得实效。基于上述两点，都市报当前轰轰烈烈的“全媒体”运动也不过流于一场“概念秀”。

第五，以各种方式孵化新项目。从理论上讲，这种孵化方式是有可能成功的，但是存在两大问题：一是不按照市场规则运作，例如骨干员工持股等长效机制普遍匮乏等等；二是由于都市报的国有体制，都市报孵化风险极高的新项目就有可能被扣上“国有资产流失”的大帽子。这两大问题的解决，都需要都市报的“一把手”敢于、善于承担风险，但是这样的“一把手”好找吗？也许这就是“天问”！

综上所述，都市报最为稳妥、最为现实的转型路径也许就是利用自己的政治优势实现产业转型。

（作者系国家行政学院社会和文化教研部高级经济师，管理学博士）

无论是国家领域、市场领域还是社会领域，传统媒体面临的生态环境与十年前已大不相同。

传统媒体转型语境和路径

彭桂兵

让我们的记忆回到十年前，当时中国的市场经济正在发育，在舆论环境和资本市场的双重裹挟之下，传统媒体呈现出“前仆后继”的发展势头，一批倒了下去，一批站了起来。

尤其在媒体市场化的“增量改革”进程中，近年来，淘汰了一大批不适宜在市场环境下生存的媒体。同时，一批拥有新闻理想的媒体人以及人文精神的媒体，利用政治空间的“缝隙”，市场空间的“松绑”，努力开发新的媒体绿洲。《新京报》便是在这种媒体生态环境下落地的。该报的创办承载着大众的期望，肩负着公共利益守护者的责任，努力在市场中立于不败之地。同时，念念不忘中国“政治家办报”的传统，努力肩负政治责任。正如报社口号所言：“有责任报道一切新闻，追求新闻的终极价值和普世价值，更要对报道的一切新闻负责，包括政治责任和社会责任”。

如今，无论是国家领域、市场领域还是社会领域，传统媒体面临的生态环境与十年前已大不相同。在国家领域，权力主动向意识形态领域发力，抢占舆论的制高点，强调意识形态阵地的重要性，把经济建设和意识形态建设放到同等的位置。

在市场领域，市场继续发挥在资源配置中的基础作用，改革开放进一步推进。媒体在这一市场环境中也受到了巨大的冲击。胡锦涛在2008年视察人民日报时，提到了官媒、都市类媒体和网络媒体等三类媒体。后两类媒体的市场化可能使国家的管制逐渐加大难度，同时也会在新一轮的市场化当中获取强劲的发展势头。

在社会领域，由于国家对媒体的管控力度加大，由市场化媒体和网络媒体所引领的公共领域空间在逐渐压缩，公共表达的活力不再像之前那么旺盛。从前的“网络问政”不再被官方提倡，由媒体领域所引导的民间反腐受制，从而开启了由高层主导的自上而下的反腐机制。

但是，在国家领域、市场领域和社会领域三个场域中，只要市场领域逐步趋向开放，国家领域和社会领域就不会回到极“左”的状态，正如美国学者亨廷顿所说，市场经济的发展掣肘着政治的不民主。

不过，我们也别忘了，带动中国传媒发展的强大动力是新媒体技术，上述三种场域如今均被新媒体技术笼罩着，无论是在国家领域、市场领域还是社会领域，“无影无形的技术统治”无刻不在。这种“无影无形”的技术渗透，带来的结果就是思想的碎片化。杰出的未来学家阿尔温·托夫勒在20世纪80年代出版的《第三次浪潮》中就告诫世人，“传播工具的非群体化，也使我们的思想非群体化了”，在这种思想非群体化中，“我们不仅被迫接受现实提出的认识模式，而且还主动创造和不断地再创造新的认识模式。这就向我们提出了一个非常艰巨的任务。但是这也导致了更大的个性差别，个性的非群体化，以及文化的非群体”。

《第三次浪潮》作者阿尔温·托夫勒

思想碎片化不仅导致威权统治越来越难，而且造成国家和社会的对立，以及社会大众原则化生存模式，结果就是大众在市场经济模式下消费主义盛行，社会舆论在“强制性合意”下实际上是逐渐地裂变走向多元。媒体领域，更是如此，受到当下新媒体技术的冲击，也在悄然发生着形态上的革命。

结合上述背景，在当下传统媒体转型中，传播渠道、传播价值观、传播内容扮演着重要的角色。对于传播渠道，我将讨论传播内容重要还是传播渠道重要。对于传播价值观，我将讨论是否拥有恒定的价值观决定着传统媒体能否实现华丽转身。对于传播内容，我将讨论调查性新闻报道仍然是传统媒体取胜的利器。以下，我就先从第一个问题开始。

一、内容为王还是渠道为王?

十年前，我们可能认为，做有品质的、高质量的新闻，就可以在激烈的媒介市场竞争中获得成功，就可以赢得读者的赞誉。是的，过去的确如此。就我本人来说，2008年刚到北京的时候，我很有规律地每天买份《新京报》，每周买份《南方周末》，那时，虽然有互联网，当时我还是以阅读纸媒为主。但是，今天的媒体生态完全不同于2008年，移动设备是如此便携，上网是如此方便，随时都可以阅读新闻，我相信，现在连一些记者编辑都不看自己制作的报纸杂志了，而去玩手机、刷微博、看微信了。笔者不是要否定高质量的新闻对于赢得受众的作用，而是强调高质量的新闻还必须通过合适的渠道分发给受众，正如一位论者所说，“内容为王？不，你还得无所不在”，“大量可随需查找内容的阅读新设备层出不穷，在此推动下的媒体世界瞬息万变。大型的媒体公司不能仅靠其强大的内容来赢得读者青睐了，他们被迫更加关心分发渠道，让自己的内容出现在尽可能多的平台上面。”

为什么要强调渠道的重要性？这是因为现在阅读纸媒的读者减少，传统媒介必须要了解减少的这些受众群所选择的阅读渠道。这样就可以把高品质的、受众认可的新闻推送给他们，从而扩大传统媒体的阅读群。这一特点也是传统媒体和新媒体结合的主要动力，在传统媒体时代或者新媒体发育不成熟的时候，主要是以内容为主，媒体以新闻报道所体现的价值观取胜，但是当新媒体发育到一定时候，我们既要考虑做有价值观的、符合公众利益的媒体，同时也要利用新技术的优势把媒体价值观和体现价值观的报道传播出去，这才是成功的新闻报道流程。一种观点认为，媒介商业化如此严重，媒介消费如此个人化和碎片化，让媒介承担某种社会责任并不合时宜。我对此观点是持批评态度的，媒介商业化和要求媒介承担公共责任并不是对立的，媒介商业化虽然削弱了部分媒体的公共伦理，但是我们反过来想，媒介商业化也可能成为媒介承担社会责任的动力，市场化的媒体如果不采用技术手段进一步商业化，它有承担社会责任的平台吗？正如澳大利亚媒体研究者格雷姆·特纳所说，媒体消费的潜力为新闻和民众化转向带来了许多有着不同可能的情景。使用数字技术——使参与者有能力廉价地和轻松地生产、复制和传播内容——给予像公共新闻这样的项目以新的希望。

二、传统媒体能实现华丽转身吗？

报纸消亡论已经早已有之，美国北卡罗来纳州立大学教授菲利普·迈尔给出了报纸消亡的时间表：“到2044年，确切地说是2044年10

月，最后一位日报读者将结账走人。”陈力丹教授让我们用自信的微笑应对2044年报纸消亡的预言。迈尔的言论可能真的有点危言耸听，但这种言论也时刻在警告传统媒体人，去追求高质量的新闻，去办大众化的杂志。眼下，媒体人在担心传统媒体的衰落，会不会最终落到迈尔所说的下场。的确，许多市场化媒体的广告量有减无增，平面媒体依靠市场存活遇到了困难。但笔者认为，在传统媒体市场转型阶段，到目前来看，虽然这种转型并不完美，但并不能否定传统媒体对社会的调节功能，也不能否定新媒体对传统媒体的依赖。保罗·莱文森就说过，旧媒介和新媒介的共生关系和互相促进关系是不可否认的，也是充满活力的，虽然冲突难免会妨碍合作。

在新媒体和传统媒体合作共赢的空间里，新媒体的商业化色彩更浓，更能适应市场经济中的受众需求，而传统媒体由于承载着更强的意识形态功能，受到更多的官方管制。在这两种不同的媒介生态环境中，新媒体似乎更显得有优势，但是，商业门户网站是没有采访权的，它们呈现的新闻还是要依赖于传统媒体。传统媒体是新媒体的“底盘”，这点是毫不讳言的。现在问题的关键是，尽管新媒体和传统媒体的舆论空间都在收缩，但传统媒体的舆论生态更不尽如人意，再加之，随着中国与国际社会的接轨，公民意识的启蒙，人们对丑善恶的辨别，心中自有一杆秤。以至评论员宋志标这样评价道：

> “‘大众’借助于媒体技术，改变了与所谓大众媒体的关系，不再是媒体的‘靶子’和俘虏。‘大众’媒体的衰微，不等于媒体的消亡。以规模论，‘小众’媒体会成为一时之选。这些小众媒体将“大众”媒体崩溃时所散布的‘碎片’保存下来，就像拾得灵魂之碎玉，靠整体拼图来完成对“大众”精神的传承。”

既然，当前大众媒体的政治属性不能够背离，必须利用现存媒体的既有弹性空间，实现传统媒体的政治属性，同时也要尽可能凸显其社会属性，横跨国家和社会这两个领域，来实现在市场领域的尽可能完美华丽的转身，如不这样，传统媒体在媒体市场主体的博弈中可能会愈加艰难，谁反映和符合大众的利益，谁就将会在这一轮的媒体转型中胜出。

三、为什么调查性新闻报道不景气?

调查性报道是传统媒体转型必备的利器，一家媒体只有通过调查性报道监督公权，保护私权，表达弱势群体的苦难，只有这样才能在内容层面实现突破。倘若，没有体现公众利益的调查性新闻，转型也就显得空洞无物。

财经记者圈官方微信有一篇文章《记者转行做“三公”，前景怎么样？》写道，如果不算从媒体职业内部消化掉（如从传统媒体转型网络媒体等）的传承型转型路径，不算以专业资格依托为背景的职业型转型路径（如转行做律师、会计师等），那么做公关、做公益、做公务员，是当下媒体人转型的三条主要出路。在另一篇文章《传统记者如何转型成新媒体记者》，作者把传统记者转为新媒体记者的方式分为三类：（1）在传统媒体中转型为新媒体记者。（2）直接投奔新媒体。（3）开辟自媒体。最近两年，一些调查性记者纷纷离开调查性报道行列，要么做起了公益，要么做起了新媒体。前者如邓飞、孙春龙等，后者如傅剑锋等。

为什么传统的调查性新闻报道不景气？原因可能有很多方面，但笔者认为主要可以从三个方面来分析这一现象。

（一）上面所谈的国家领域给予的调查性记者的空间收缩。前段时间，曾任《南方周末》主编的江艺平老师退休，在微博上引起一片热议，大家怀念“江艺平时代”的《南方周末》。“让无力者有力，让悲观者前行”，“总有一种力量让你泪流满面”打动过无数读者。那个年代，社会领域、市场领域并没有现在开放，媒介技术还主要是纸媒、广播电视，互联网才刚刚起步，在中国还是一个新生事物。但国家领域开放程度较高，朱镕基的“舆论监督，群众喉舌，政府镜鉴，改革尖兵”十六字方针就是他1998年10月7日下午到中央电视台视察所提出的。可见，那个时候，官方对舆论监督的支持力度。

（二）新闻专业化教育不成熟，年轻记者只把新闻事业当作一种求职工作，而并没有上升到职业精神的高度，新闻理想荡然无存。美国学者丹尼尔·C.哈林和意大利学者保罗·曼奇尼在《比较媒介体制》中提出了新闻专业化的三个维度：（1）自治；（2）独特的专业规范；（3）公共服务趋向。新闻传播专业毕业的学生，不从事记者、编辑职业，反而更多地从事与新闻传播专业无关的职业。这就造成新老记者的接替断代，即使有的年轻人从事了记者，干不了几年就会转行，从上面官微作者列举的媒体人转型的三条主要出路，就可看出新闻记者岗位留不住人，更何况专业的调查性记者呢。

（三）调查性记者职业风险的保护机制不健全，虽然中国的调查性记者不像墨西哥、俄罗斯一些国家那样人身风险系数高，常常面临死亡的危险。而在中国生命安全基本没问题，但常常会受到黑恶势力、利益集团以及地方保护主义的阻挠，采访权难以得到法律保障，对调查性记者遇到的风险通过法律的救济往往行不通。正是因为职业的风险系数高，但又缺乏法律保障，很多年轻人毕业后不愿意选择这一职业，或者选择了也只短暂地做几年，从而转向其他的职业。因此，落实宪法以及在此基础上制定新闻法，才能给调查性记者更多的法律保护空间。

在传统媒体向新媒体转型阶段，调查性新闻报道萎缩的原因一定不止于上述三种原因，不仅政治领域和社会领域在深刻影响传统媒体的调查性报道，就连市场领域亦如是，而上述所列的三点就不在此领域里。

总之，传统媒体转型的语境复杂多变，其中既有可控的因素，也有不可控的因素。可控因素主要在于传统媒体自身，必须坚守恒定的价值观，以专业的态度向公众呈现事实，尽量开掘调查性报道空间，从而在内容上高人一筹，通过多渠道把这些内容传播给公众，以此赢取更多的受众市场，从而在当下的媒体转型中获胜。

（作者系中国传媒大学新闻学院博士生）

传媒业是否掉入了一个美丽的“转型陷阱”，一直在“转型”的牵引下，慌慌张张，没有方向？只有跳出这个陷阱，才可能柳暗花明。

传统媒体：为何转型，如何转型

高明勇

不久前，与一位媒体老总一起吃饭，席间谈到媒体转型的问题，她若有所思地说：“这十年间，媒体为转型投入的资金，哪怕买些房子囤在那里，今天的收益也非常可观了。”

与此同时，一篇题为《报纸办网站，十年下来多数不及格！》的文章，在微信圈里被广泛传播，并引起不少媒体同行的共鸣。作者蔡伟，是新民网创始人、莘庄网董事长。

如果说前者只是对媒体转型的深刻感悟的话，那么后者就提供了一定的论据依撑。

这篇文章提供了一组7月份的监测数据：中国内地报业网站，超过七成网站关键词（Key Words）设置不合理，其中甚至还有不设置关键词的；超过散成的网站未启用Gzip压缩；四成的网站描述（Description）设置含糊，也有不设置描述的；超过五成的网站代码有错误，某大型报业集团网站首页代码错误有8处之多；七成网站未应用富媒体[注1]内容表现；绝大多数报业独立网站[注2]没有针对搜索引擎优化；从商业价值考量，PV流量超过100万的已属凤毛麟角……

注1：富媒体主要是一种应用，这种应用采取了所有可能采取的最先进技术，以最好的传达广告主的信息，以及与用户进行互动。例如HTML、Java scripts，Interstitial间隙窗口，Microsoft Netshow、RealVideo，RealAudio，Flash等等，而随着技术的进步，名单可能会进一步加长。

注2：不含类似东方网和浙江在线等这样政府直接控制的大型地方门户。

一番技术性的考量后，文章得出的结论是："以上错误对于成熟的商业互联网来说，均属无法原谅的低级错误。"进而推导出"报业办网，赶考十年，绝大多数都未到达及格分数线"的结论。

而"报业办网"是这十年媒体转型的主旋律之一，上述数据也证实着媒体转型的困难与惨烈。

一方面，媒体人的危机感越来越强烈；另一方面，十年转型之路的黯然失色，"纸媒的冬天"等论断再次喧嚣尘上。

但是，不要因为走得太远，而忘记为什么出发。那么，媒体为什么要转型?

不妨针对这个问题，重复地问"So What"（所以呢？然后呢？）。从发生学的角度，先思考因何而出发，再看"如何转型 "的话题，或许会带来新的思考。

一、跳出"转型陷阱"，重启"觅渡之路"

媒体业这十年的转型，是基于危机的转型——相信这个判断不会有什么争议。

但是，危机并不仅仅存在于传媒业。

比如出版行业，据行业统计，数字出版近年复合增长率接近50%，2009年总产值达795亿元，首度超过传统书报刊出版物的生产总值。几年前就有人在说，纸质书籍的传统出版业的冬天即将来临。

比如电视行业，自今年5月乐视发布“超级电视”之后，几个月时间内，雷军发布了他的互联网电视小米电视；李彦宏和李东生联合发布了“TCL爱奇艺电视TV+”；阿里巴巴联合创维推出了全新智能电视“酷开”；广电机顶盒巨头同洲电子也召开“1+1电视互联网”发布会，宣布要推动电视互联网进程……一场新的电视机革命开始了，“客厅里的战争”日趋激烈。

此外，包括商场行业等，似乎都不乐观。

那么，问题在于，媒体业真正的危机是什么？

资深媒体人钟伟志有一个观点，就是“现在大家不是如何把内容做得更好，不是努力提高自身的职业素养，而是对内容生产的价值产生了怀疑，对自身的存在产生了虚无感，于是忙着改弦易辙，并对自己过去奉为圭臬的专业主义嗤之以鼻。这就不仅仅是我们自身的危机，更是一个全社会的危机”。

所以，从这个角度看，曾经风光无限的传媒业，真的风光一去不复返了吗？危机，危机，有危险就有机遇，为何传媒人看到的多为危险，而看不到机遇？如果没有机遇，那么原因何在？如果有机遇，那么路在何方？

知名媒体人、暨南大学新闻与传播学院院长范以锦教授关于传统媒体转型有一个观点：“不转，等死！早转，早死！无思路，乱转——找死！”几乎 算是业界共识。

但是，媒体业真的如水牛入井，四处碰壁？

我一直认为，传媒业掉入了一个美丽的“转型陷阱”，只有跳出这个陷阱，才可能柳暗花明，否则，一直在“转型”的牵引下，慌慌张张，没有方向， 可能还会继续呆在“陷阱”里。

借用作家梁衡的一篇散文名称，当下传统媒体更该思考一下，觅渡，觅渡，渡何处？

几乎所有行业的转型不叫转型，叫“觅渡”。而重启“觅渡之路”则意味着，作为传媒业的个体，不仅需要从内容生产的角度去做方向性的尝试，还应从媒体生意的角度，乃至从媒体生存的角度去做可行性的突破。

二、“转型之举”为何远离“社交红利”

目前的媒体转型中，除了报网的兴起，更多的则是开通官方微博或微信的公众账号，粉丝动辄数百万。毋庸置疑，这些官微或公众账号，对于提升传媒的知名度，扩大品牌影响力，都有举足轻重的作用。

但是，我好奇的是，为何这些风生水起的官微或公众账号，却难以带来“社会红利”？

“网络文化（Cyberculture）”的发言人和观察者，著名杂志《连线》（*Wired*）的创始主编凯文·凯利在《技术元素》一书中，推出了知名的“一千铁杆粉丝”理论，简言之，就是“任何创作艺术作品的人——只需拥有1000名铁杆粉丝便能糊口。”

他所理解的“铁杆粉丝”是指，“无论你创造出什么作品，他（她）都愿意付费购买。他们愿意驱车200英里来听你唱歌。即便手上已经有了你的低清版作品，他们仍愿意去购买重新发行的超豪华高清版套装。他们会在谷歌快讯里添加你的名字，时刻关注与你有关的信息。他们会收藏售卖你的绝版作品eBay页面。他们参加你的首场演出。他们购买你的作品，要你在上面签名。他们购买与你相关的T恤、马克杯和帽子。他们迫不及待要欣赏你的下一部作品。”

这个理论在中国也有一个很好的注脚，就是陈坤的微信。

据报道，2013年9月份，明星陈坤的微信公众账号（服务号）新增付费会员功能，业内传闻，会员制推出一日，陈坤已揽金700万元，

具体操作就是，只要缴纳18元，就可以成为陈坤微信平台的月度会员。成为会员以后，不仅可以阅读“行走”系列书籍、陈坤的私房音乐、查看陈坤的私房照，还能提到陈坤的语音给你说晚安、早安。当然不只这些，你还可以在会员讨论区中参与讨论。

因此，问题出现了，为何媒体不能利用“粉丝经济”，分享到“社交红利”？

我的理解是，媒体转型中经常容易混淆“相关关系 ”和“因果关系”

这两个概念。

相关关系，指两个变量之间具有统计意义上显著的正向或负向的关系，因果关系，指一个变量的变化可以引起另一个变量的变化。因果关系肯定是相关关系，但相关关系并不能确定两个变量之间的因果关系。

就媒体转型而言，或许需要明白，“转型之因”能否导致“红利之果”，或者说，想要“红利之果”，该如何寻找“转型之因”？

换句话说，如果只想通过粉丝来扩大影响，就不用抱怨不能赢利，如果想赢利，就需要多想想，如何才能培养铁杆粉丝，究竟能为粉丝提供哪些服务，才能释放“社交红利”。

三、“数据挖掘”重新寻找“媒体出路”

关于媒体转型的话题，似乎永远都可以成为杂志的封面专题，沙龙的焦点议题，和同行寒暄的切入点 。

但是，在大数据时代的今天，却很难看到通过数据挖掘给“媒体转型”带来有价值的资讯，因为对于传统媒体来说，“数据挖掘”更多的还只是一个概念，或停留在观念层面，没有迈出技术性的关键一步，没有从中尝到甜头——“数据挖掘的价值就是可视化并做出决策，否则你做的仅仅是不停地收集数据而已。”

如何挖掘“大数据”红利，或许是转型之前的当务之急。

在一份题为《中国社交媒体铸就消费新时代》的报告中，麦肯锡分析了企业（媒体当然要把自己作为一个企业，这是转型的首要前提）要从中国的社交媒体获取价值面临的三大挑战：

第一，许多高层主管不熟悉社交媒体，也不知道如何从数据汪洋中挖掘深入的消费者行为洞见，或是将这些洞见转化为行动，特别是面对中国如此活跃的社交媒体生态圈时更为如此。

第二，目前既有的针对社交媒体的分析往往缺乏行动指导性。企业若想参与社交媒体这个领域，就必须建立相关的能力并强调执行力。

第三，高管往往不确定如何将社交媒体洞见融入传统的品牌规划流程中，也不清楚组织中应由谁来负责社交媒体，或是如何衡量其效益。

应该说，这种现象在媒体行业同样普遍存在，甚至更为突出。

对此，麦肯锡提出了三个针对性的对策：

1.设定有效利用社交媒体的目标并建立对消费者洞见。

2.与社交媒体用户互动。可以举办活动，为具有重要影响力的用户创造正面体验，同时鼓励他们成为品牌的拥护者。

3.组织、IT配套和能力的培养。必须明确组织的需求，并招聘人才来填补关键能力缺口。

之所以引用麦肯锡的报告，我是想说，所谓的媒体转型，更多的是要具体到某个媒体转型，因为不管行业如何转型，总有媒体掉进陷阱里，也总有媒体能跨越陷阱。

显然，“数据挖掘”的工具，对于具体的媒体而言，就是最关键的决策前提，通过建立自己的数据仓库，让结构性的数据成为认清自己的镜子，成为判断基础和战略依据，进而寻找出属于自己的路子。

（作者系新京报评论部资深编辑）

他|山|之|石

日本报业求存战略

高井洁司

对报社而言，能与互联网的威猛之势一决雌雄的最大优势，还是所发信息的质量问题。与中国不同，日本的著作权被严格遵守，报纸的报道轻易地就被任意转载是不行的。

伴随互联网、SNS（社交网络服务）的发展，传统媒体，特别是报业陷入低迷状态已成为全球现象。美国报业名门《华盛顿邮报》被电子商务公司亚马逊的最高经营者（CEO）收购就是典型象征。2003年，美国一天发行5520万份报纸，而到了 2012年则锐减到4430万份。不过，报业的低迷现象在不同的国家又呈现出不同的情况。拿日本来看，报业长期处于低落状态也是不争的事实，但是，与美国相比，显然跌幅没有那么大。而且持续下跌的广告营业额在2012年逆转为增。本文就请读者与我一同来看一下日本报业应对环境变化和经济低迷所采取的对策。

在地铁里读报的日本人

日本报纸的营业状况

首先有必要介绍一下有关日本报纸的基本数据。2012年出版日报共有118种，2000年有122种，十几年间只有4种报纸停刊，没有出现美国那样的减少状况。再看报纸发行总量，2012年日发行量为4777万份，2003年则为5287万份，约减少500万份。同一时期美国报纸的日发行量下跌幅度为1090万份。由此可见，日本报纸的减少幅度大体是美国的一半。

再看日本报纸的广告营业额。从2005年的1兆377亿日元到2012年的6242亿日元的下跌情况来看，大约减少了四成。不过，看一下2011年的5990亿日元的广告营业额，会发现2012年增加了250亿元，出现好转征兆。

总之，广告锐减，新兴媒体的攻势也日趋减弱，其中主要的原因还是日本经济长期低迷的结果。日本广告总体收入，包含新兴媒体在内，从2005年的6兆8235亿日元减少到2012年的5兆8913亿日元。

其实，在日本报纸的总营业收入中，广告收入的比率并不是很高。即使是20世纪80年代的高速增长期，为避免报道机构陷入商业主义的漩涡，政府实施了广告收入不得超过50%的调整措施。因此，广告营业额低迷所带来的影响与广告收入比率较高的美国和中国的情况迥然不同。2012年，报业总收入为1兆9154亿日元，发行收入为1兆1526亿日元，占据全部收入的60.2%。广告收入占整个收入的23.2%，其他收入为3176亿日元，占16.6%。由此可见，除广告之外的多种经营的收入也举足轻重。

再具体看一下发行收入的变化。2002年为1兆2747亿日元，2012年为1兆1526亿日元，确实发行收入在下跌，不过，减少额为1200亿日元左右，约为10%。前面介绍发行量的减少幅度也是10%左右，两者恰好相符。

报社尚有余力

日本原本是报业大国。从每千人拥有459.1份报纸【2009年，世界新闻·新闻发行者协会（WAN-IFRA）调查】这个数字来看，也算得上世界屈指可数的报纸普及率高的国家。与千人拥有报纸在100份左右的中国不同，日本的报纸市场已经完全成熟。换言之，报业生长空间已经极小。受经济低迷和新兴媒体发展攻势的影响，报业创下更大的下跌纪录也不足为奇。因此在那些看好新兴媒体，并为之“摇旗呐喊”的专业人士中，有人预测“2012年报纸行将消亡”。书店中充斥着这样观点的书，非常吸引读者的眼球。不过，经营指标大幅下沉的倒是出版业。报业与绝大多数人的预测相反，虽然经济整体形势呈现低落不振之势，但报纸的发行量和发行收入并没有大幅下降。这可以说是个奇迹，这个奇迹确实值得分析。

首先，日本报业有《读卖新闻》《朝日新闻》《每日新闻》《日本经济新闻》这类可称得上世界级的报纸。从2011年世界报纸发行量排行榜来看，占世界第1位的是《读卖新闻》，发行1000万份，第2位的是《朝日新闻》，发行750万份。第3位是印度的 *The Times of India*，发行量为380万份，相当于《朝日新闻》的一半，与《读卖新闻》比差距就更明显了。仅此而已也可以看出日本报业的规模。而且，居世界第4位的是在日本被视为濒于破产的《每日新闻》，发行量为350万份。经济专业报《日本经济新闻》（简称《日经》）发行300万份，居世界第6位。不仅如此，地方报《中部日本新闻》发行280万份，居然占第9位。以上数据都是WAN-IFRA调查的数据。顺便介绍一下，有关日中关系，经常出现在中国报纸上并被当作代表日本报纸的观点而频繁加以引用的《产经新闻》，它既不是全国性报纸，也列入不了日本五大报的行列。

日本报纸夸耀自己有这样的发行规模，说明报社在体力上还有潜力。也就是说它们还有在扩大发行和广告营业方面进行投资的余力。《读卖新闻》为了维持每天发行1000万份的发行量，经常花巨额广告费搞宣传。报社积极利用电视广告做宣传，广告内容创意奇特甚至成为热议的话题。

这里提一下日本媒体与中国媒体结构不同的地方。日本的电视台可以说全都是以报社为中心创立的，报社是电视台的重要股东，很多经营者也都是从报社派到电视台的。为了防止媒体垄断，在法律上加入了有关财务限制的规定，不过，实质性的影响力是巨大的。在报道方面民营电视的新闻节目主持人和评论员大多起用现役记者和离开记者岗位的老前辈。所以，即使不特意在电视上做报纸的广告，记者在电视上出镜本身就是PR（公关宣传）。也就是说，民众对报纸的信赖度比较高，所以电视利用报人出场，更加促进了读者对报纸的信赖。这是报纸多年在回应大众期待所做的努力的结果。

当然，日本报社的强项不光表现在规模上。导致报业如此规模的主要原因还应该从发行、广告和报道等各个方面来讨论。

发行上的优势

日本报纸在发行方面突出的特点是定期订阅、送报上门比例极高，占报纸发行量的95%。送报上门的对象是按月订阅的读者，多数家庭差不多是半永久性地订阅同一种报纸。平时的谈话中很容易听到人们说“我家30年来订的是《读卖》”，“我家一直读《朝日》”。

美国新闻史上的著名记者，也是媒体研究学者的W.李普曼在1922年出版的《舆论》一书中曾这样指出。

“每一个报纸出版者的目的都是要使他的销路从随意购买者变成一伙忠实的坚定的读者。一张报纸如果能够真正依赖它的读者的忠诚的话，就能尽量达到独立，这是现代新闻事业的经济学。一群在任何情况下都不离不舍的读者是一种力量，这力量比任何广告主所能发挥的力量更大，这种力量大得足以打破广告主的联合体。”[注1]

注1：翻译参考了林姗译本《舆论学》，216页。

美国和中国的送报上门的比例有多少？不会到50%吧。按李普曼的说法，有95%固定读者的日本报社可以说具备了理想的经营基础。正是具备了这样的基础，才能排除以广告主为首的各种各样的压力，展开独立而自由的报道和评论，进而赢得读者的信赖。在日本车站的小卖部出售的报纸，大多是体育报和四开的晚报，不过，这样的报纸都是娱乐至上的，实际上普通的日报发行下跌严重。体育报的日发行量从2003年的559万份下降到2012年405万份，跌幅超过25%。

日本送报上门制度从明治时代就开始了，支撑这个制度的是覆盖全国的报纸销售店网络。根据日本新闻协会的统计，在全国共有18367家报纸销售店，367809名从业人员售卖报纸。其中30万人为打工的主妇和学生。销售店有两种，一种是只经营一个报社的报纸的专卖店，另一种是经营多家报社报纸的非专卖店。

报纸是通过销售店来扩大发行的。为了确保固定队伍，报社的销售机构会对以6个月或1年为订阅期限的长期签约的订户送洗涤剂或啤酒票等赠品，进行宣传。笔者在中国沈阳享受过花一份报钱得到3种报纸的服务。不过，这样的服务与增加固定读者并不相干，甚至让人觉得贬低了报纸的可信性。

不过，从长远来看，支撑日本送报上门制度的报纸销售店，也可能成为束缚报社的枷锁。因为日本的报纸将来也必须由纸媒转向数字化。现在《日本经济新闻》《朝日新闻》在积极推进有偿数字化报纸的经营。《读卖新闻》也开始实验性地对订阅纸媒的订户，以每月157日元低定价推销其数字报。虽然无论何时都能实施数字化，但是，到目前为止培育起来的销售店网络如何进行终结仍然是未来的重大课题。

支撑报纸广告和发行的"团块世代"

日本在第二次世界大战后，出现了生育高峰。从1947年到1949年的3年内出生的人口共计806万，被称作"团块世代"，即人口高峰期的一代。顺便提示一下，2005年以后，日本每年的出生人口已低于110万。"团块世代"是在报纸全盛时期成长的一代，现在65岁左右，收入稳定，又有时间上的宽松，如果说正是这一代支撑着日本报纸的高发行率也不足为过。

不仅仅是发行量上的贡献。日本报纸的广告现在主要是图书出版业和旅游业的广告。旅行社的海外旅游，或国内包价旅行广告，常常是整版广告，而且跨几个版面，非常惹人眼目。出版业挣扎在不景气的困境中，为了挽回损失，也积极在报上刊载以周刊杂志为首的各种出版信息。

因此，在"团块世代"还健康、有精力的时候，报纸的发行和广告应该还不会沉落吧。

不过，日本报业也不是一味地靠"团块世代"生存，整个业界也在如何阻止年轻人不断疏远报纸上投入了很大力量。积极地参与学校教育，展开NEWSPAPER IN EDUCATION（NIE）运动，推动小学、初中将报纸用于学校的教材。为此还派在职新闻记者到学校搞活动。现在全国已经有500多所中小学实施了NIE教育。有调查报告证明，在NIE教育实施后，报纸订阅率确实有所上涨。在日本，高中入学考试或大学入学考试，乃至就业考试，考试试题中经常用报纸的文章，所以，很多家长和老师让应试的学生读报。年轻人为了提高就业考试的作文能力，也参考报纸文章进行阅读。如何将这些与培养报纸读者联系起来，确保读者队伍，对报社来说是不容忽视的课题。

2013年2月，日本读者在街头阅读日本报纸的号外

寻求与互联网信息之别

对报社而言，能与互联网的威猛之势一决雌雄的最大优势，还是所发信息的质量问题。与中国不同，日本的著作权被严格遵守，报纸的报道轻易地就被任意转载是不行的。雅虎等门户网站的新闻，是从报社或通讯社那里付费获得的简约版，互联网不具有独自的采访部门，编辑部门也很少有热诚的职员。

相反，日本的全国性大报一般有2000名左右的记者，不但在全国，乃至在全世界都布有自己的采访网。而中国和美国的报纸，以新闻故事为主，存在与杂志竞争的一面。日本的报纸则是在政府各机关、警方、法院等机构安置记者俱乐部（记者站），建立24小时收集新闻的体制，以消息报道论胜负。虽说在速报性方面确实比不过电视和互联网，但是，新闻线索往往都是首先被报纸的采访网络所捕获，报纸也能在详细报道和解说性报道方面发挥优势。这是电视和网络可望不可即的，因为新闻还是要靠现场采访并发布信息。

有统计表明，美国的报纸编辑局正式职员数，比2000年减少30%，已不到4万人。与此形成对照的是，据日本新闻协会的调查，日本的记者2010年为19666人，与2000年的19434人比不仅未减，反而有增。美国统计是正式职员数，其中记者的比例，情况不明。据说美国的大报记者数也不过数百人，近几年记者更是有减无增，报道的质量与互联网也就不分上下。这也是导致疏远报纸、疏远电视的原因之一吧。

日本的报社为了寻求报纸生存，正在设法充分发挥采访优势。为此，记者增强采访能力，提高采访水平就至关重要。朝日新闻社已在社内成立了记者学校，对记者教育投入力量。以往，日本的报社都是在每年4月定期统一采用记者，通过1个月左右的研修，然后送到地方分局，在那里要经过5年左右的训练。比如年轻记者主要是在写地方版的稿子中接受训练，即“在职培训（在工作岗位上接受培训）”。不过，朝日新闻社已经进行方针调整，入社的新职员研修时间延长到半年左右。而且，报社还在调查报道上投入了力量。

在年轻人中，已经非常普及的手机性能越来越高，伴随SNS的发展，个人之间的信息传播越来越普遍。同时，也有年轻人逐渐认识到SNS作为获得社会性公共新闻的渠道还有很多不足，开始注意到如何能获得社会新闻的问题。

日本早在21世纪拉开序幕的初始阶段，模仿在韩国取得成功的网站和市民媒体组合而成的“Ohmy News”，创立了日本版。不过，经营失败了。新闻的质量达不到传统媒体的水平，而且也不能确保经营上所必需的读者数量。

转型期的日本报业

虽说日本报业还很强大，但这不过是与美国和中国的比较而言，从长远来看，互联网和SNS服务会进一步得到改善，通过纸媒体获得新闻的时代归根结底还是会成为落伍者。即使十年左右报纸还不会消亡，但是围绕报纸的媒体环境在不远的将来也会大幅度地变化吧。

选择怎样的时机由纸质媒体转换到收费的数字化媒体，做出决断的日子无疑正在逼近。到那个时候，为了让读者理解并愿意付费，信息的质量就必须有别于免费网站的信息，要保持在绝对不同的水平上。而且，即使为了合理经营，也要确保记者的数量，广泛覆盖的采访网络仍然是必需的吧。

翻译：西茹

（作者系日本北海道大学名誉教授、樱美林大学教授，译者系日本北海道大学传媒研究院副教授）

陷入经营困境的美国报业，再次受到传媒业和社会大众的瞩目。报业转型所面对的挑战，与未来发展趋势，值得讨论。

美国报业转型的现状与未来趋势

——亚马逊公司贝佐斯收购《华盛顿邮报》的启示

魏 然

2013年8月5日，美国老字号的《华盛顿邮报》（以下简称《华邮》）突然宣布被亚马逊公司的创始人贝佐斯以2.5亿美元收购。当时，美国上下议论纷纷，居住华府的民众对此收购这样调侃：“贝佐斯本意是要在亚马逊网站订阅（subscribe）《华邮》，但一不留神，敲到了‘购买’（buy）键，便成了《华邮》的新老板。”

《华邮》历史悠久，是美国首都华盛顿最大、最老的报纸。1970年代，其报道水门事件，迫使尼克松总统下台，可见该报在美国报业界享有举足轻重的地位。然而格雷汉姆家族先卖《新闻周刊》，又卖祖产《华邮》，令《华邮》突然易主，暴露出报业转型的迫切性。这次收购《华邮》事件对美国媒体甚至世界传媒界造成什么影响？收购《华邮》是美国报业一个趋势，代表投资者看好转型中的美国报业？还是一个个别例子，仅属贝佐斯个人的行为？

国内传媒人也非常关注《华邮》被收购的消息，提出种种猜测与疑问。陷入经营困境的美国报业，再次受到传媒业和社会大众的瞩目。报业转型所面对的挑战，与未来发展趋势，值得讨论。本文目的就是探讨美国报业转型的现状与展望未来报业发展的趋势。

华盛顿邮报办公大楼

美国报业转型的现状与发展

第一，近年来饱受连环坏消息打击，甚至被预测会死掉的美国报业，自2012年，开始有好消息传来。第一，报纸的发行量终于停止下滑，趋于稳定。根据皮尤（Pew）相关研究产业大势报告，与2011年同期相比，日报的总发行量基本平稳，下滑趋势停止，而周末版的发行量更上升了5%。值得关注的是付费的电子版订户，占了整体发行量的15.3%，比2011年增加了5.5%。因为付费的订户对广告主有着更大价值，这一发展，对处于病态的美国报业，可谓注入一支及时的强心针。

第二，报纸的广告营收也在好转。与2011年相比，2012年的报纸广告只减少了2%。自2007年起达两位数百分比大幅度下滑的广告营收，开始停止下降，最坏的时候好像终于过去。

第三，节流与开源并重下，报纸盈利重现。为了节省成本，许多报社出售或出租公司写字楼，例如甘奈特报业集团年初将《底特律新闻》迁出原本的办公大楼，并将出售它在纽约州罗彻斯特市的总部大楼。费城一家报纸从其著名的白色写字楼，搬进一个弃用的百货公司大楼；位于芝加哥的论坛报大厦将作他用；甚至连《华盛顿邮报》也正考虑搬家，出租写字楼来增加收入。与此同时，报社还大幅度减员。例如具有影响的大报《芝加哥论坛报》把整个摄影部裁掉，从此该报不再有专职的新闻摄影记者。此举震惊业界和新闻教育界，认为匪夷所思。也有些报纸减少出版周期，每周只出三天报纸，或者完全停止纸版的发行，只出网络电子版。以上这些开源节流的措施，达到了一定效果，令上市的报业集团重现盈利。以甘奈特报业集团为例，其2012年的运营盈利为9.9%；纽约时报集团的盈利为5.4%；E.W. 斯奎锐普集团为6.9%；麦客拉齐集团为 15.1%。盈利的重现，带动了上市的纸报业集团股价回升。

第四，新媒体开始惠及传统媒体。新媒体的快速发展，对处于衰退中的传统媒体的影响巨大。大部分报业人士过去只看到网络媒体对报纸的负面影响，但现在新媒体对传统媒体开始有了正面影响。人们使用新媒体后，对媒体的使用普遍增加，也有助于传统媒体的使用。新媒体的普及带动了娱乐业（数字音乐，出版，视频等）的发展：在美国规模最大的Netflix（网络光盘出租公司）， Hulu（影视网站）和亚马逊向传统媒体支付了30亿美元版税，相信未来这个数字还会上升。预计未来五年，网上媒体和娱乐的收益，会以每年13%的速度增长。根据ABI Research 2012年对智能电话和平板电脑的用户调查，表示看电视时间增加的有8%，增加阅读的更有14%。智能手机亦成为阅读良伴，64%受访者表示用手机上网时，会同时阅读报章或杂志，53%会同时使用社交网络和阅读报章或杂志。

从以上的发展来看，一蹶不振的美国报业，在过去的一年出现了一种审慎乐观的气象。

检视金融危机对美国报业的后果

金融危机已经结束两年多，危机给美国报业所带来的严重后果逐渐浮现，美国报业可谓元气大伤——经营规模大幅缩小，产值减半，整个行业萎缩。美国报业协会的统计显示，以广告和发行营收来计算，报业的产值共计380亿美金 。这意味着，报业产值在过去的十年内收缩了60%。传统广告额持续下降，而网络广告不能弥补缺口是主要原因（见下图）。

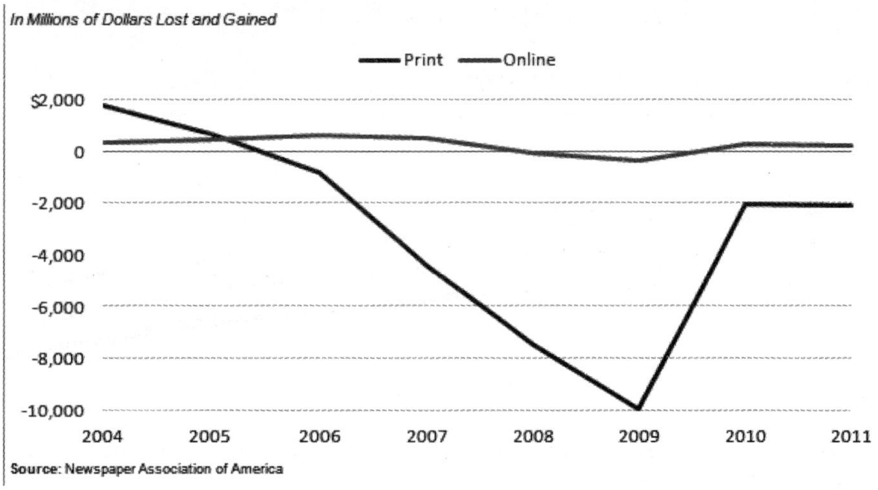

图一：纸版与网络报纸广告额的变化走势
资料来源：皮尤《2012年度新闻业发展报告》

与此同时，美国报业的全职新闻从业人员，减少了三分之一，差不多两万人。即新闻从业人员人数从1990年高峰时的近6万人，减少至4万人（详见下图的趋势）。

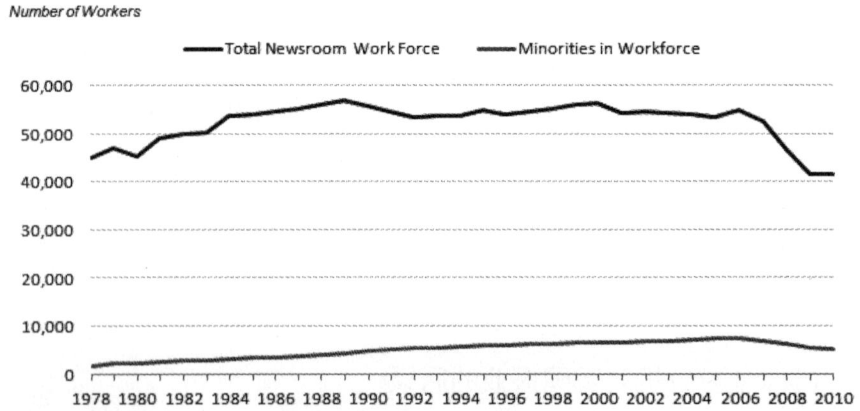

Source: American Society of News Editors, Newsroom Employment Census, 2010. ASNE dates its data according to the release date. PEJ presents the data according to the year the data were compiled.
Note: Minorities include Native Americans, African Americans, Latinos and Asian Americans.

图二：美国报纸采编人员的变化走势
资料来源：皮尤《2012年度新闻业发展报告》

金融危机带来最大的后果是报纸的新闻量减少，报纸越印越薄。而这样的结果造成了恶性循环：报纸的新闻量减少，读者就更不看报纸了。有研究报告发现，大概有三分之一的美国成年人，停止透过报纸得知新闻，因为报纸不再值得看了（详细趋势，见图三）。

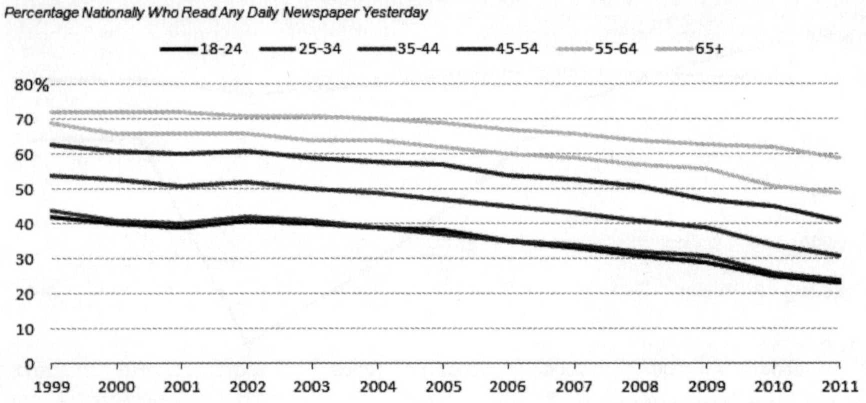

Source: Scarborough Research survey data
Note: 1999 – 2011 Scarborough Report, Release 1

图三：美国报纸读者的变化走势
资料来源：皮尤《2012年度新闻业发展报告》

美国报纸转型策略

在金融危机和网络媒体的双重打击之下，过惯垄断市场的优哉日子的美国报纸开始了痛苦的转型，以避免“等死”的宿命。以下是美国报纸转型的各种策略：

首先是拉闸收费订阅策略。《纽约时报》领导了这一潮流，率先在2011年3月推出订阅计划。现在网络收费订阅的模式在全国逐渐扩大。向网络读者收费的策略，以往很多报纸曾经尝试，但都没有坚持下去，因为报纸怕丢失流量。现在，处在危机之中的报纸动真格了，开始树起收费墙。在过去三年内《纽约时报》的付费订户从零增长到70万，增加速度是每年10万个订户；网络收费为该报一年创收1.5亿美元。细算下来，每年每一个订户给《纽约时报》带来的营收为202美元。目前，《纽约时报》的网络广告收入是一年2.1亿美元。两者加起来，网络经营共带来3.6亿美元的效益。这在《纽约时报》转型的历史上是个里程碑，网上收费订阅成了新的盈利模式。多达百家的中小报纸亦因此跟随。

其次是减少出版纸质报纸的次数，采取每周出三次报的策略，即周三、周五和周六出报；其他几日只出电子版。为节省开支，在一片争议声中《新奥尔良报》采取了每周出三次报的策略，令新奥尔良成为美国没有日报的最大城市。很快，其他报纸相继仿效，目前已有33 家报纸采取同样策略，包括阿拉巴马州的《伯明翰新闻》、宾州的《哈里斯堡爱国者新闻报》、纽约州的《雪城邮报》以及俄勒冈州坡特兰市的《俄勒冈人报》。

另外，报纸正积极拓展平台，向平板电脑、手机和社交媒体发展。美国一半以上的成年人都拥有智能手机，三分之一的人有平板电脑，他们平均每天花上5小时16分钟的时间，盯住各种屏幕 ，因此，报纸纷纷将新闻放在这些新的平台上，与时俱进。 移动媒体的发展将给报业带来空前的机会。美国报业公会在2013年对210家报纸进行调查，发现所有受访的报纸都在发展移动媒体平台。

最后，在内容上，报纸积极开拓深度的垂直内容（verticals）。报纸自己做不到深度报道，就找合作伙伴，或者收购报道独特内容的网站，开发垂直内容。比如《达拉斯晨报》在2012年收购了知名的娱乐网站“Pegasus News”。该网的报道每年涉及二十多万个地点，包括5000宗娱乐事件。有它的加盟，《达拉斯晨报》的娱乐新闻便成为亮点。另外，《今日美国》与专门报道大学体育赛事的网站合作，以吸引读者。

美国报纸的创新

美国报纸在转型的过程中，不乏创新的做法，下面我将谈谈这些管理上和新闻报道上的尝试。

在报业转型、重新打造新闻编辑室的过程中，组织机构做出调整，新的工作便应运而生。在数字媒体新闻编辑室，出现了新型的记者和编辑，包括新闻集成者（aggregator）、社区新闻协调者（coordinator of community conversations）、科技员（technologist），以及新闻资料员（news resourcer）。新型的新闻人员使得报纸在内容上更加贴近读者，更有针对性，通过新闻报道挖掘话题，把新闻做活。在管理上，报社采用了外聘的方法。于是报社的新闻编辑室面貌改变，传统的采编人员与从事网络技术的科技员一起工作。为避免员工之间的文化冲突，甘奈特报业集团甚至在其集团内另创分公司。

与此同时，报纸也积极尝试利用科技来做新闻报道。例如，最新的尝试是把电玩技术应用到新闻报道中，通过触控式屏幕，读者可以与新闻互动。这项技术对于复杂的科学、环境等话题的报道将有革命性的改变。当读者使用视觉、听觉以及触觉来读新闻时，将有一种全新的体验。

大数据也给美国报业带来了新的发展机遇。 数家传媒机构，包括《财富》，已经开始利用电脑化的数学公式挖掘大数据，然后根据大数据的结果来撰写新闻报道。此项技术被称为“叙事科学”（narrative Science）。其核心技术是人工智能（artificial intelligence）与大数据分析（big data analytics）的结合。例如体育赛事的报道，电脑程序可以分析比赛的各种统计数字，然后把数字变为新闻报道。《纽约时报》曾经利用此项技术，追踪报道纽约2011年楼市的走向和房价的变化，该报道与人工报道基本没有区别，成本却非常低廉，一篇500字的报道，只花费十美金而已。

“叙事科学”技术目前只是在实验阶段，用户尚不多。但是，未来这项技术如果得到传媒业的普遍应用，“机器人记者”（robot journalist）便有可能代替人工记者与编辑。这个预言已经不再是危言耸听。

报纸其他的创新策略还包括集中挖掘资源，打破采编与经营的分界，积极创收。例如《达拉斯晨报》从其大量存档的报道中，整理出对广告商有价值的数据，然后卖给广告商。今年初，《华盛顿邮报》尝试另外一种有植入广告的新闻与娱乐报道，称为“植入广告”（native advertising），即在报道中，挂出广告商的名字。报纸作为平台卖出，让广告商向用户直销内容。

最后，开发视频产品也给报纸带来了另外一个新的发展机会。通过在网站做视频广告，报纸找到了一个新的财源。这项新业务正快速发展，《纽约时报》和《华尔街日报》的视频，非常受欢迎。一些市级的报纸，也把视频作为固定的产品。

报业转型讨论

从以上的创新策略，可以看出，美国的报业在逆境之下，正主动寻找发展机会，而不是坐以待毙。那么，创新的效果如何？数字媒体技术到底将会削弱或是加强传统媒体的力量，还是让传统媒体脱胎换骨转型为新媒体？以下我将讨论报纸转型的核心问题：属于传统媒体的报纸是否必死无疑，还是能变身转型与时俱进？

美国报业向数字新媒体的转型，是一条不归路；但是，这并不意味着传统旧媒体即刻消亡。自金融危机以来，一直有人在网站上放出报纸消亡的时间表（newspaper extinction time table），煞有介事地预言报纸在世界各国将在未来不同时间消亡，比如在美国是五年之内，即2017年；在中国寿终正寝的时间则是2031年。根据该时间表，2040年报纸便会在全世界销声匿迹。

类似的预测活动虽然受追捧，但并没有太大实据。2008到2010年间，美国停办的报纸总共有166家，仅占美国报纸整体的10%—11%而已。以少数停刊的报纸来预测整个报业的死亡，好像缺乏说服力。更重要的是，经过危机，美国报业出现了新的盈利模式：从以前过度依赖广告（80%）的单一营收模式，过渡到盈利一半靠广告营收，一半依赖订阅营收的模式。新的双财源模式类似杂志，更加健康。

此外，虽然网络媒体的普及曾经使报纸的阅读人数下降，但传统媒体在饱受冲击之后，开始受益于新媒体，通过新媒体的平台和渠道，人们对传统媒体内容的使用正在增加。而这一点是前几年人们所没有料到的，显示出新媒体与传统媒体之间不一定是“零和游戏”。

综合以上来看，对报纸和广电即将消亡的各种预测似乎并不全面，实属言之过早。有人说，“死的是纸，活的是报”，不无道理。

美国报业的未来展望

毫无疑问，当前报业的大势还是不容乐观，报业的读者与广告还在流失，而这个趋势似乎还会持续下去。报业发展的主旋律还是转型——深入的转型，完全数字化，迈向全媒体。很多报业集团，如位于美国东南部的莫里斯集团，已把全面数字化定为不二的发展策略。根据丹麦学者尼尔森（Nielsen）的研究，目前报纸全面转型的进度接近半途。报业的全面转型，可谓尚未成功，还需努力。

展望未来，我们对报纸仍抱有期待和希望，但同时，也要认识到经营报纸将更具挑战。新的现实是报纸产业的规模变小了，不过，报纸的经营却变得愈加复杂。报纸需要打造新的平台（如网站、移动终端、智能手机、应用程式App），拓宽渠道，丰富内容，这些都涉及长远的规划、投资，寻找战略合作伙伴等。另外，报业在人员配置和员工的招聘上，不再单一。总之，报纸业务的经营将比新闻采编业务更为重要。

过去业务经营一直是报纸的弱项，现在报纸的管理层急需改变观念，勇于打破封闭的采编、发行与经营自成一体的传统，融入开放而不确定的信息生态。

“劳力士”表的启示

《华盛顿邮报》的新老板贝佐斯在接受传媒访问时，透露了一些想法，包括他为什么在没人看好报纸时买《华邮》？如何经营该报？报纸的存在价值何在？他说，他将利用新媒体技术和他的网络营销经验，加上耐心，来经营《华邮》。

看来，贝佐斯的口袋里并没有成熟的锦囊妙计，也没有立竿见影的措施，能使《华邮》扭亏为盈。不过，他认为像《华邮》这样的老牌报纸还是有价值的。他预见将来报纸不会消逝，而会转型为一种奢侈品。

未来“报纸会变为奢侈品”是什么意思呢？这里让我拿手表业来说明。在过去三十余年，大量廉价电子表的出现，几乎摧毁了世界各国的制表业。移动媒体普及，把手机当手表使用成为上亿人的习惯。因此，全球对手表的需求正在下降。那么，手表制造业全军覆没了吗？没有，以瑞士为主要产地的豪华制表业，以品牌而非价格做卖点，采取面向高端消费者的策略，令手表变身为奢侈品。按学术的说法，便是走“精英路线”。以手表业转型给报业的启示来看，贝佐斯将把《华邮》打造为“劳力士”。未来，读纸版的报纸将变为一种高雅、昂贵的奢侈。

（作者系美国南卡罗那大学新闻与大众传播学院讲座教授）

面对挑战，欧美众多纸媒纷纷深挖品牌资源，在各自擅长的领域，进行了一些积极的尝试，或许这些探索会为国内的纸媒人带来一些启发。

欧美纸媒转型的五大派别

赵勇力

默多克

这是一个社交媒体蓬勃发展的传媒时代，而对于昔日秉持“第四种权力”的传统媒体来说，其正遭受着一场空前挑战。环顾全球，纸媒寒冬的来临并非耸人听闻。

在全球金融危机和新媒体崛起的双重压力之下，传媒大亨默多克所执掌的“传媒帝国”已风光不再。近年来陷入亏损窘境的《华盛顿邮报》也于2013年8月5日，以2.5亿美元的价格，出售给电商巨头亚马逊公司的创始人贝佐斯。而久负盛名的《纽约时报》更是举步维艰，虽然其在2013年8月发布的第二季度财报显示，《纽约时报》已开始扭亏为盈，但结合各纸媒巨头的整体数据来看，全球纸媒的“辉煌时代”已渐行渐远。

面对挑战，众多纸媒纷纷深挖品牌资源，在各自擅长的领域，进行了一些积极的尝试，从内容生产过程到营销模式，从媒介传播到技术升级，试图在真正寒冬来临之前，摸索出一条重塑辉煌的涅槃之路。结合这些转型探索，我们将欧美传统纸媒的转型特点进行了初步梳理，国内的纸媒人，或许能够从中获得一些启发。

1.激进派：报刊“脱纸化”，探索数字化

转型代表：新闻周刊（*Newsweek*）

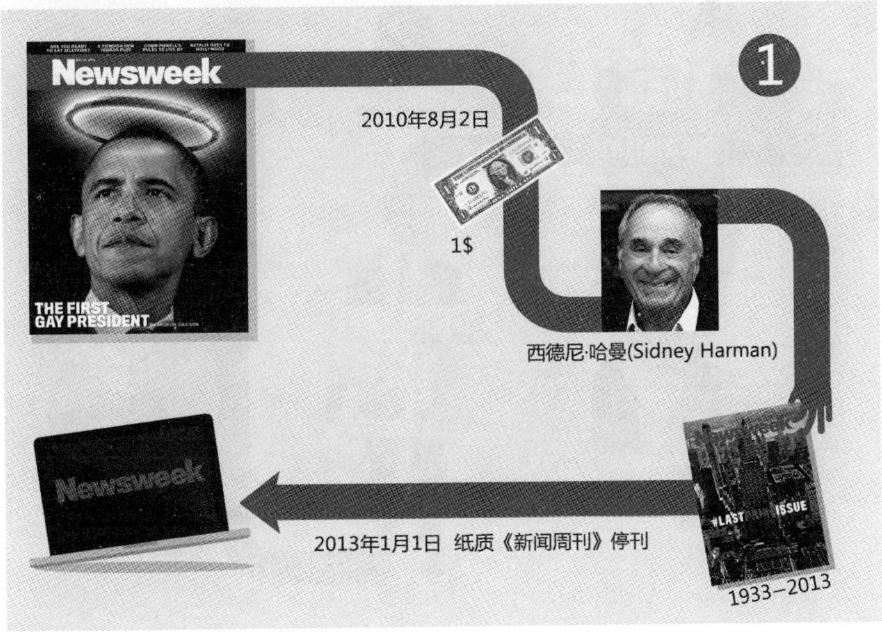

《新闻周刊》与《时代》《美国新闻与世界报道》，曾经是享誉美国的三大新闻周刊，然而近年来随着广告收入的不断下滑及读者的大量脱离，一直到2010年8月2日，因经营不善，日渐亏损的《新闻周刊》以1美元的价格卖给了美国知名慈善家西德尼·哈曼。

两年之后，具有80年历史的《新闻周刊》宣布从2013年年初开始，停止其纸质杂志的印刷发行，改为只发行网络版（改名为《世界新闻周

刊》），并采取部分内容网上付费阅读的模式，以期待举步维艰的《新闻周刊》能够在改头换面之后，重新焕发生机。

然而不久后，《新闻周刊》又再次被转手，2013年8月被《国际财经时报》收购。

这种彻底的“脱纸化”，是否能够为《新闻周刊》再次崛起形成足够的竞争力，并重拾昔日的影响力，目前看来，前景尚不明朗。

2.保守派：以守来进攻，立足于自身

转型代表：卫报（*The Guardian*）

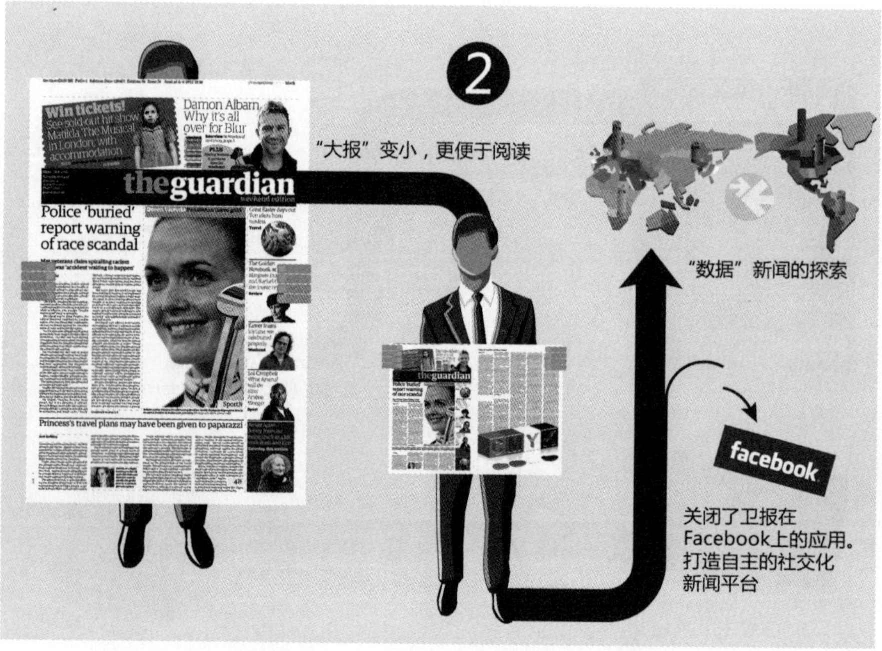

虽然一直以来，《卫报》在英国拥有大量的年轻读者，素有“愤青”报纸的称号，但涉及到自身的发展问题，转型步伐却非常稳健。早在2005年，184岁的《卫报》便进行了一次“大手术”，一改“大报”的式样，通过缩小版式、全彩印刷等改良手段，从而留住了大批喜欢在地铁、公交车上阅读新闻的年轻读者。

在众多传统媒体纷纷推出各种网络平台应用的潮流下，2012年年底，

《卫报》却“逆水行舟”：关闭了其在Facebook上的应用。这种看似“故步自封”做法，其实暗藏着《卫报》自主打造社交化新闻平台的野心。近年来，《卫报》则多把精力放在基于新闻本身的内容创新上，譬如通过对大量数据统计与过滤而形成的数据新闻（data journalism），这种以数据的形式，对某一事件或现象进行全面而专业解读的新闻形式，一经推出便受到业界的广泛关注及读者的青睐。

《卫报》立足自身特点，不盲目依赖网络社交媒体的做法，实际上是一种“以守为攻”的发展战略。

3.拓展派：设置“付费墙”，建立新盈利

转型代表：纽约时报（*The New York Times*）

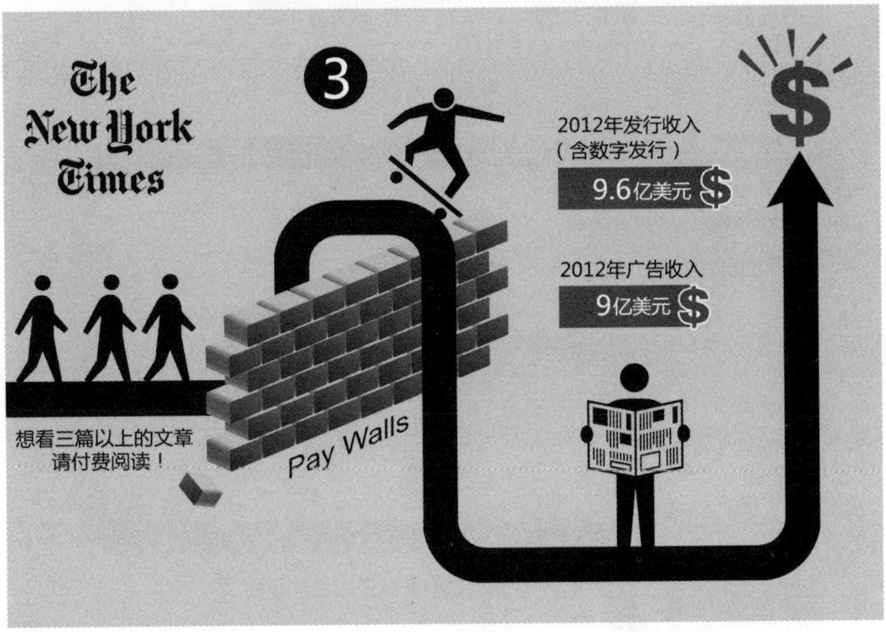

2013年6月，《纽约时报》开始尝试在移动设备客户端上，对想要阅读三篇以上文章的读者设置“付费墙”，而在此之前，《纽约时报》采用的是“将印刷版、网络版和移动客户端相互捆绑”的订阅方案，在印刷版及网络版，采取的是付费方式，而在移动客户端上，一直采取的是免费方式。然而这种“付费墙”模式，效果如何？

据《纽约时报》公司在2013年8月发布的第二季度财报显示，其已经开始扭亏为盈，发行营收2.45亿美元，比去年同期的2.33亿美元增长5.1%，已经成为了盈利的最大因素。在众多实行“付费墙”的传统媒体中，《纽约时报》是第一家获得盈利的纸媒。在很多分析者看来，它之所以能够在收费墙上获得成功，应归功于《纽约时报》多年来积攒下来的品牌优势和巨大的读者群——很大一部分读者愿意为其网络上的内容进行付费阅读。

但另一种声音也同时存在，有专家认为，《纽约时报》之所以开始盈利，与它大幅度地压缩各种成本有很大关系，从财报数据的整体来看，纸媒广告与数字广告收入的继续走低，显示出传统经营模式的日渐衰退。

4.深耕派：深挖“大数据”，细分读者群

转型代表：芝加哥论坛报（*Chicago Tribune*）

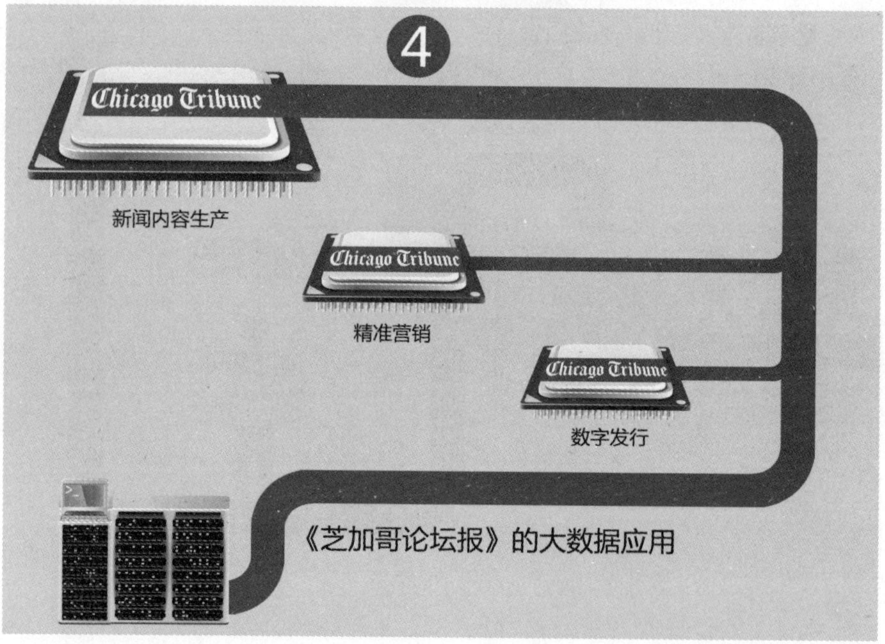

自2013年年初开始，刚刚脱离破产阴影的《芝加哥论坛报》，开始依托大数据操作模式，逐渐实现盈利。

在此过程中，《芝加哥论坛报》进行了诸多方面的尝试：首先是在新闻内容的生产方面，在新闻报道前，采编人员先基于网站流量、移动客户

端的读者点击量等数据，对读者的新闻偏好进行分析，从而根据读者具体需求进行新闻生产。其次在数字发行方面，采取“一般新闻免费，深度报道收费”的方式，针对付费用户，提供更多详尽的新闻报道和更大阅读权限。同时，通过对用户阅读兴趣的数据发掘，采用精准网络广告的投放形式，也取得了很好的效果。

5.技术派：融合新技术，多媒介传播

转型代表：纽约时报（*The New York Times*）

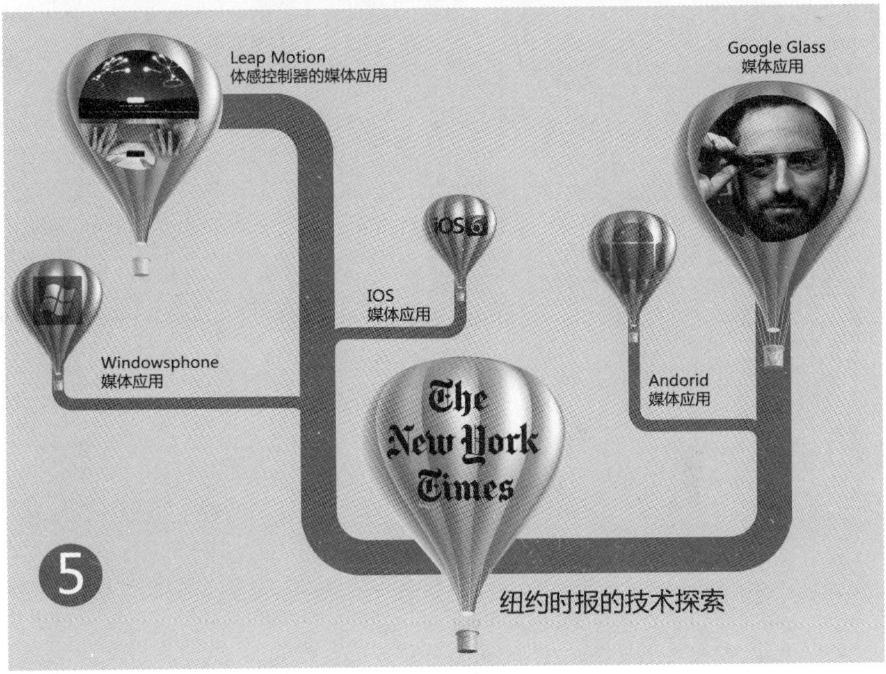

《纽约时报》在率先尝试“收费墙”模式并取得成功的同时，近年来，除推出了多种基于iOS、Android、Windows Phone平台的移动客户端开发之外，还针对一些新媒介技术，进行多种大胆尝试。在其推出适用于Google眼镜的应用之后，于2013年7月22日，针对新发布的Leap Motion体感控制器特点，推出了基于手势操作进行阅读的App应用——不需要触摸屏幕，只凭借一些简单手势动作，就可以通过屏幕对《纽约时报》进行随意阅读。

虽然目前这种应用还采取免费的形式，是否盈利的前景未明，但它无疑为未来报刊的发展模式提供了一个可探索道路。

制图设计：郭宇

（作者系本刊编辑）

2008年至今 品牌收缩阶段

2013 纽约时报公司的结构图

- 纽约时报
  - 新闻媒体集团
    - 纽约时报媒体集团
      - 《纽约时报》
      - 《纽约时报国际版》（《IHT》）
      - NYTimes.com
      - Newyorktoday.com
      - 其他
    - 新英格兰媒体集团
      - 波士顿环球报
      - 《T&G》
      - Boston.com

2007 纽约时报公司的结构图

- 纽约时报
  - 新闻媒体集团
    - 纽约时报媒体集团
      - 纽约时报媒体集团
      - 《纽约时报国际版》（《IHT》）
      - NYTimes.com
      - Newyorktoday.com
      - 其他
    - 新英格兰媒体集团
      - 波士顿环球报
      - 《T&G》
      - Boston.com
    - 地方媒体集团
      - 地方报纸
      - 地方网站
  - About 集团
    - About.com
    - Carorie-Count.com
    - UcompareHealthCare.com
    - ConsumerSearch.com

2001年 杂志集团移出公司架构

2001年1月31日，纽约时报公司以4.35亿美元的价格，将杂志集团及GolfDigest.com，卖给了Advance出版公司。

2003年 成立纽约时报报业集团

2003年1月1日，纽约时报公司以6500万美元买入《国际先驱论坛报》（*International Herald Tribune*，IHT）50%股权，后将其与《纽约时报》整合成立"纽约时报报业集团"，《国际先驱论坛报》后改版为《纽约时报国际版》。

2004年 撤销数字纽约时报公司

2004年的第三季度，纽约时报公司撤销了"数字纽约时报公司"，将原"报业集团"改组为"新闻媒体集团"，开始筹划数字发行，以巩固、加强纽约时报公司核心的新闻品牌。

2005年 并购About公司

2005年3月18日，纽约时报公司以4.1亿美元购入About公司，成为纽约时报公司旗下承载非新闻类数字业务的独立运营主体。

2007年1月 广播集团移出公司架构

2007年1月3日，纽约时报公司以5.75亿美元价格打包出售了广播集团。

2007年3月、5月 续并购两家网站

纽约时报公司又先后购入UcompareHealthCare.com、ConsumerSearch.com两家网站，并入About公司。

2011年 实施数字阅读收费订阅

2011年3月，《纽约时报》实施数字阅读收费订阅。即《纽约时报》的读者每个月可以看一定数量的免费文章，超过该限制后就将开始收费。

2012年 出售地方媒体集团与About集团

2012年1月6日，纽约时报公司将地方媒体集团（包括16张地方报，其中14张日报、2张周报）以1.43亿美元的价格打包卖给了Halifax媒体控股公司。2012年9月24日 出售About集团

2013年 拟出售新英格兰媒体集团

2013年8月3日，纽约时报公司宣布，同意以7000万美元现金将新英格兰媒体集团资产出售给约翰•亨利。

制图设计 新京报赵斌 倪萍

数据来源：
冀万林 《回顾<纽约时报>1997-2012年收缩转型中的教训》

2001-2008年 收入下滑阶段

数读纽约时报16年

2000年之前，纽约时报公司年收入达到近35亿美元，营业利润超过6亿美元，
一路下滑，直到2006年，破纪录地出现首次亏损，随后几年收入持续下滑，并在2
年，2012年纽约时报公司的营业收入累计下滑了约43%，营业利润累计下滑了约83

纽约时报公司1997-2012年主要的财务数据

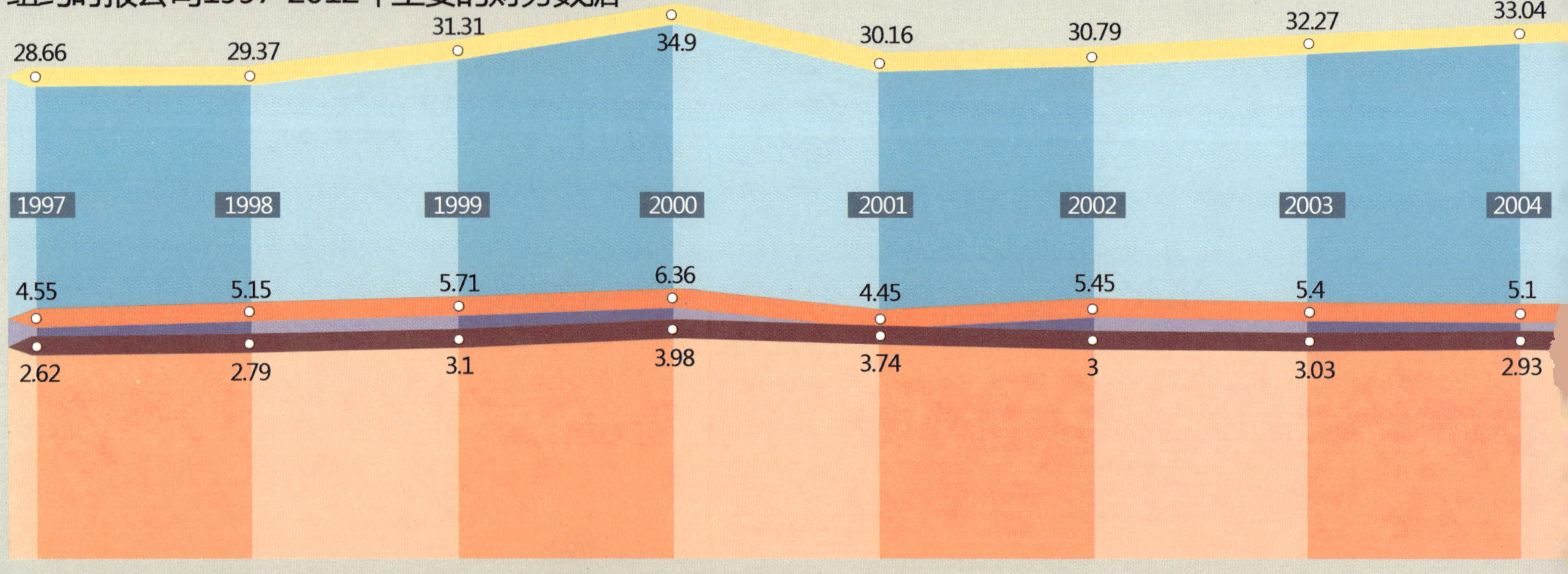

纽约时报公司1997-2012年主要收入的结构

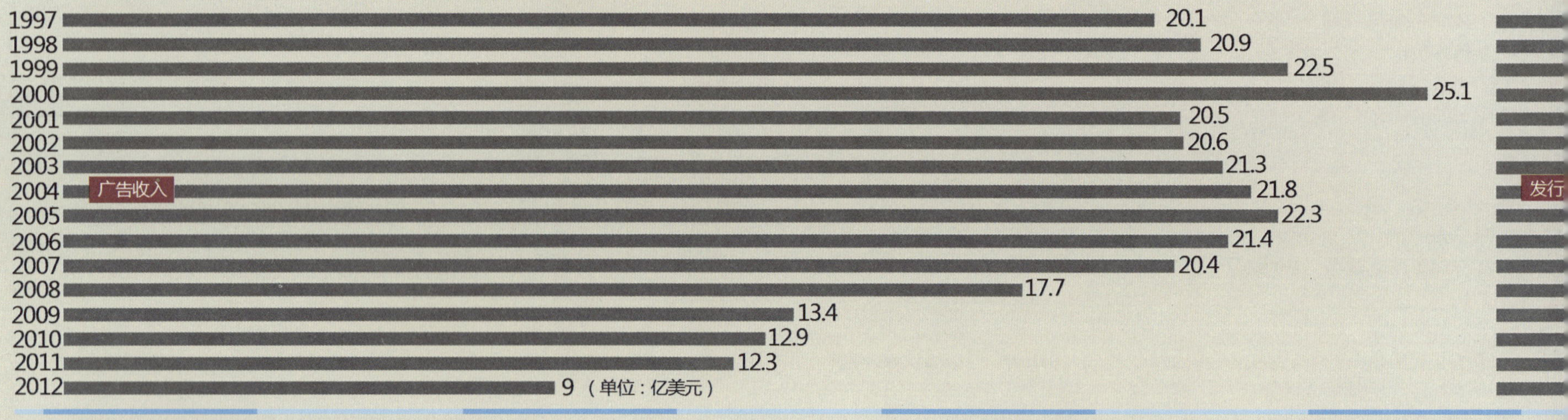

纽约时报公司1997-2012年用纸量

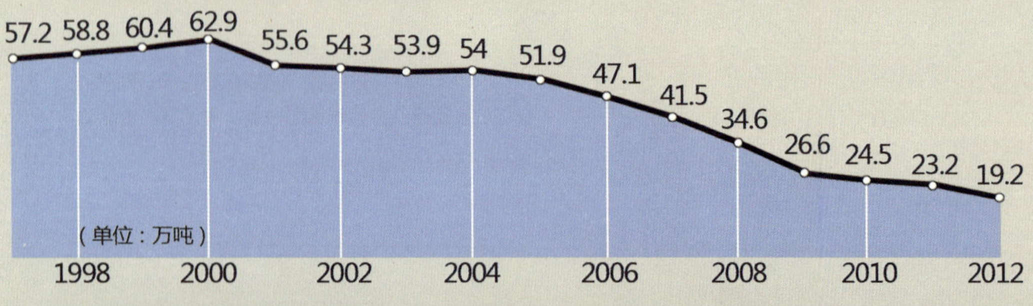

在2000年之后，纽约时报开始对报纸生产成本进行控制，其用纸量开始出现下滑趋势，直到2012年，全年用纸量较2000年的最高点下滑约69.5%。

纽约时报公司1997-2012年员工总数

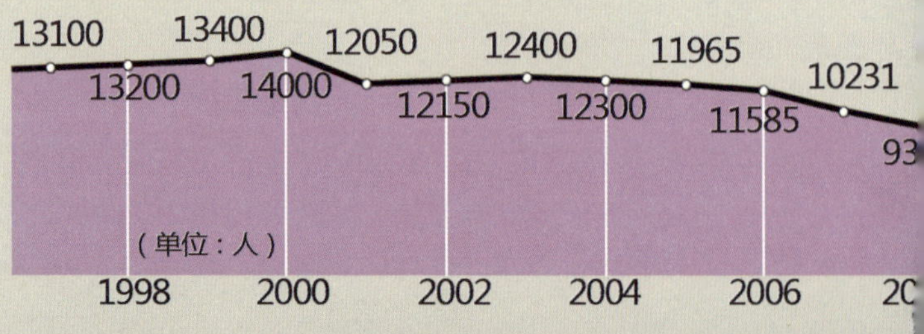

与此同时，在人力成本方面，到2012年，与人数最多时的2000年相比，
种原因累计削减62%。

纽约时报发展简史

2000年

报业集团并购伍斯特电报&报业公司（Worcester Telegram & Gazette），获得波士顿的另一家区域报《T&G》，并将其与《波士顿环球报》重组为“新英格兰报业集团”（the New England Newspaper Group）；同年，报业集团出售了旗下7张小规模地方报。

也是在这一年，纽约时报公司建立了旗下第四个独立业务板块“数字纽约时报公司”（New York Times Digital）负责纽约时报公司旗下所有数字业务的统一运营与管理，包括报纸官网、报纸电子数据库及授权等电子业务。

1997 纽约时报公司的结构图

- 纽约时报
  - 报业集团
    - 纽约时报
    - 波士顿环球报
    - 21张地方报
  - 杂志集团
    - 《Golf Digest》
    - 《Golf World》
    - 《Golf Shop Operations》
  - 广播集团
    - 8家地方电视台
    - 2家地方广播电台

1997-2000年 全面扩张阶段

2000 纽约时报公司的结构图

- 纽约时报
  - 报业集团
    - 纽约时报
    - 新英格兰报业集团
      - 波士顿环球报
      - 《T&G》
    - 14张地方报
  - 杂志集团
    - 《Golf Digest》
    - 《Golf World》
    - 《Golf Shop Operations》
    - 《Golf Digest Woman》
  - 广播集团
    - 8家地方电视台
    - 2家地方广播电台
  - 数字纽约时报公司
    - NYTimes.com
    - Newyorktoday.com
    - Boston.com
    - Wine Today.com
    - Golf Digest.com
    - Abuzz.com

1997年

纽约时报公司下属的杂志集团，出售了旗下6本杂志业务及相关资产。仅留下《Golf Digest》《Golf World》《Golf Shop Operations》三本杂志

The New York Times

处于经营的巅峰时期；但在此之后，公司业绩
008年、2011年再次出现亏损。相较于2000
%。

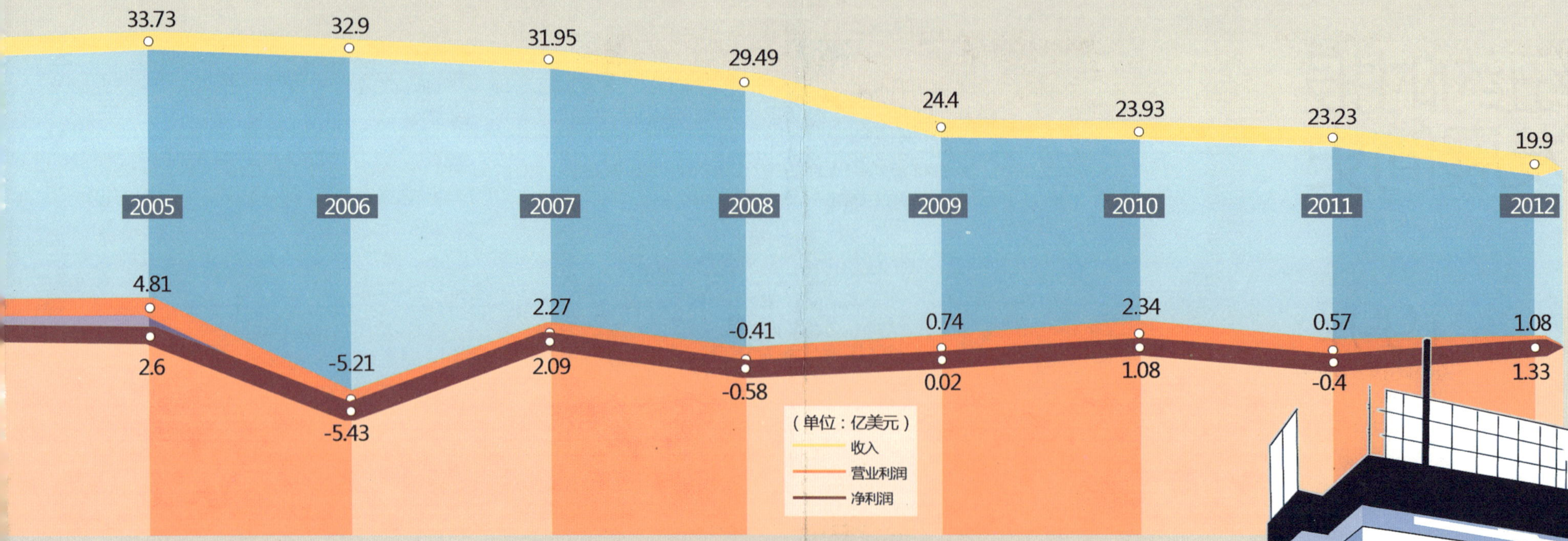

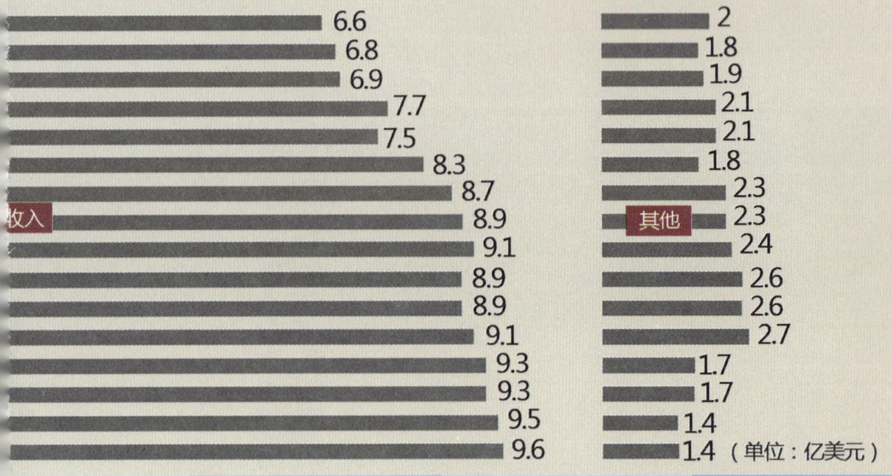

广告收入下滑，是造成其收入持续走低的主要原因，2000年，纽约时报公司广告收入曾达到创纪录的25.1亿美元，占2000年总收入的72%；而此后，广告收入一直处于衰退或停滞的趋势，到2012年，广告收入仅为9.0亿美元，占当年总收入的45%，与此同时，发行收入却出现逐渐增加态势，达到9.6亿美元，占当年总收入的48%，首次出现了发行收入超过广告收入的现象。

纽约时报1997-2012年（周内报与周日报）的发行数据

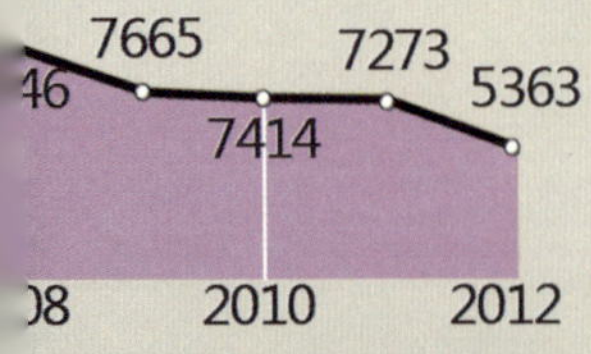

纽约时报公司员工总数因各

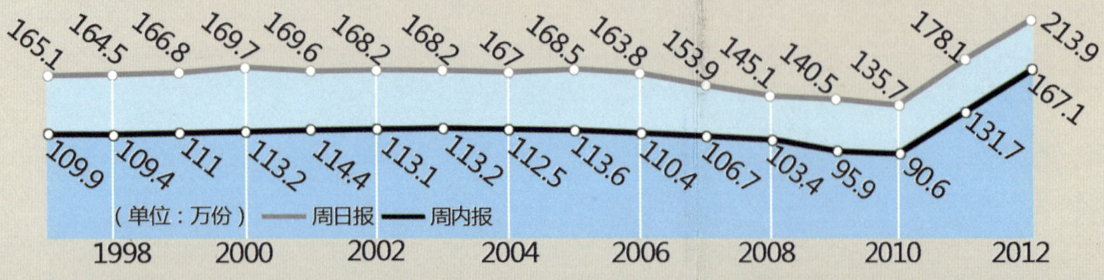

《纽约时报》的发行量自2006年开始出现实质性下滑，至2010年，发行达到最低点，发行量约为2000年最高点处的80%。

数据来源：纽约时报公司历年公开发布的上市公司年报

制图设计 新京报 赵斌 倪萍

全媒体研究

OMNIMEDIA RESEARCH

全媒体研究

《新京报书评周刊》未来将形成"书评周刊版面、官方微信、官方微博、书评电子书和App"的"达摩五指"。通过多平台覆盖，扩大书评品牌的持续影响力。

《新京报书评周刊》的新媒体试水

白明辉

7月6日，新媒体——新京报书评周刊的一个全新版面，就这样诞生了。从那时起，《新京报书评周刊》不仅可以看、可以读、可以嗅（墨香），还可以听、可以说（通过扫描报纸上的二维码关注书评微信，再输入关键词，可收听相应语音）。

在这个全新的版面诞生前，《书评周刊》的新媒体试水之路，其实早已开始。而新媒体版，也是顺应新媒体发展的潮流而产生的版面。说到新媒体，微博自不用说，从几年前开始，其已成为各媒体的"标配"。《书评周刊》此次试水的第一步，是建立微信公众平台。

书评周刊微信平台的建立

众所周知，从2012年下半年开始，随着微博活跃度的降低，微信粉丝量以亿计递增，许多媒体、机构、个人，开始把目光转向这个新的社交平台，希望借此平台开拓新的传播路径，创造新的盈利点。不断更新的微信版本，也为微信自媒体平台的蓬勃发展做好了铺垫。注册手续简便，编辑操作零门槛，点对点的传播优势，让每个有理想的个体，都能轻而易举地创办自己的自媒体平台。形式上的创新，图文、语音、视频结合的多媒体消息界面，也在移动互联网时代，不断受到众多粉丝的青睐。

书评周刊的微信平台创建于2013年6月18日。彼时，许多媒体、机构、个人的微信公众号粉丝已突破5万、10万。这当中，也有不少阅读类公众账号，但其实做得好的并不多。拥有良好口碑、内容资源库丰富的新京报书评周刊，开拓这一新平台，必定有较大的发展空间，抢占一席之地。

可以说，在前5个多月里，书评周刊微信一直处于测试期，也是在不断地总结调整中，寻找定位和锁定读者群。一些栏目（《语音荐书》《文章选读》《有奖互动》等），才得以固定下来。在新媒体版诞生当天，我们就在版面上对传统媒体与新媒体的区别做过分析："如果把报纸读者与编辑（记者）的关系，形容为隔着一层纸的关系。那么，书评周刊新媒体（微信、微博）的作用，就是要捅破这层纸，让二者之间完全零距离。"

要捅破这层纸，首先做的，就是让编辑记者从幕后走到台前。微信平台的"编辑荐书"栏目，就是在这样的背景下产生的。通过编辑、记者每天轮流录语音荐书，让读者产生一种亲近感。"语音中夹杂着急促且紧张的呼吸，你或许还偶尔从录音背景中听到一两声猫叫……多么生活化的场景。正像一位朋友在微信中的留言：感觉离你们好近，这样近距离聊天的感觉真好。"我们曾在一篇文章中，专门描述过"语音荐书"的贴近性，以及读者的反馈。

《编辑荐书》栏目开设没多久，我们又开设了《名家荐书》栏目。编辑、记者在参加活动或采访中，邀请适合的采访对象和活动嘉宾为读者语音荐书。语音经过剪辑后，在微信平台上集中推送。这个栏目，依然具有良好的反响。

一份媒体，在扎实做好内容的同时，通过不断求新来调动读者所有感官体验，那其内容也更抵内心。

新媒体内容反哺版面

《有奖互动（每周一问）》栏目的开设，初衷也是积极与读者建立互动。我们每周根据一本书设定一个话题，请读者参与互动。我们选出回答得较好的读者，寄送相关的书籍。《有奖互动》与《语音荐书》这两个贴近性较强的栏目，最终也起到了反哺版面的目的。

微信平台上的《名家荐书》及《编辑荐书》栏目内容，会重新刊登在书评周刊的新媒体版。读者扫描版面上的微信二维码后关注书评微信，回复对应关键词，可收听对应的语音荐书。这让版面本身也变得更立体。书评周刊也变成一份既可以看也可以听的周刊。

《有奖互动（每周一问）》的内容，经编辑整理后，也形成了版面上可读性较强的文章。从读者的回答能看出，书评微信的许多粉丝知识水平都较高。其对问题的精彩作答，也十分具有可读性。

除了反哺新媒体版，《书评周刊》的其他专业版，也在逐渐与新媒体对接。在每周的《书评周刊》选题会上，相应编辑会根据选题情况提出在新媒体进行互动的需求。接下来，将与新媒体编辑共同设置互动话题。从新媒体上反馈来的读者回答，经专业版编辑整理后，与书评文章一同见报。

书评新媒体的读者群分析

在书评新媒体的运营过程中，我们一直在对用户群进行定期的分析。也是在总结分析中，书评新媒体不断调整内容定位。可以说，对这样一个大的“样本”的数据统计，也间接反映了书评周刊所覆盖读者的基本情况。以下为最近一次的分析结果。

首先，是每天的关注人数。书评周刊微信到2013年11月底拥有21000名粉丝，而且还在以每天100至200个粉丝的数量逐日增加。按照这个趋势，到年底，书评微信的粉丝将达到2.5万。到明年年底，粉丝将超过6万。

根据最新的统计数据，关注书评周刊微信的读者中，男性读者占43.91%，女性读者占43.76%（其余为未知），男女比例基本平衡。

另一项较重要的数据，是书评周刊微信读者的省份和城市分布。一个令人欣喜的数据是，书评的读者几乎已经遍布全国所有省份和城市。

读者最多的前十个城市是：北京、上海、深圳、广州、杭州、成都、南京、武汉、长沙、郑州。从这个数据可以看出，读者主要分布在经济较发达的直辖市、沿海城市和省会城市。“语言分布”的统计结果，出乎一些人的意料。使用简体中文的人，占绝大多数，这是肯定的。让人意料的是，语言为英文的读者比率，竟超过了使用繁体中文的读者比率。

还有一项统计，是书评周刊微信推送的最受欢迎的文章。这个统计结果，对我们调整内容定位至关重要。

根据我们的统计结果，转发率最高的15篇文章中，几乎全为新媒体原创内容，直接来自版面上的内容占到很小的比例。这是否反映了新媒体读者和传统媒体读者口味的差异性，还需进一步分析。其中，转发率较高的文章，有以下几个特点：“政治与性”永远是最受关注的主题；名人相关和经典著作，一定不乏读者；多图的和服务性的信息，在浅阅读和实用阅读时代，转发率也较高；时效性是必须兼顾。但这并不意味着，我们完全要按照这个思路来迎合读者。

建立微信平台，是书评周刊新媒体试水的开始。在这5个多月里，书评周刊电子书也已在亚马逊网站全面上线，其中免费电子书21期，付费电子书2期，总下载量超过10万次；App目前也已上线；此外，在ZAKER资讯平台、搜狐新闻客户端、网易云阅读，也可免费订阅“新京报书评周刊”微信内容。按照设想，未来将形成《书评周刊》、官方微信、官方微博、书评电子书和App”的“达摩五指”。通过多平台覆盖，扩大书评品牌的持续影响力。

（作者系新京报书评周刊新媒体编辑）

UGC网站的形式在新媒体平台迅速发展的今天已经并不新鲜，那么拍者网赖以生存和发展的能量，便是提供对用户有帮助、负责任的产品。

拍者网　基于报纸的UGC网站探索

田　铮

拍者网从出生到现在，已走过了近一年零半载的时光，时间貌似短暂，但回首我们不断进行的探索，仿佛又是漫长的。

这段时光里，拍者网从小米加步枪式的网站建设，到着重提升用户体验的改版；从拍者版的单一呈现，到报纸、网站、在线影展、官方微博、微信公众平台等综合展示；从拍者讲座的高端起步，到大师讲堂、主题月赛、外拍沙龙、公益摄影、工作坊等系列活动……根据成新传媒的研究数据，拍者网在同类网站中的影响力已名列前茅。

这段时光里，一大批热爱摄影的网友在拍者网获得专业的摄影认知、快乐的拍摄分享过程，结交志同道合的朋友。在这个群体当中，80%为忠实的《新京报》读者，70%为北京网友，当他们在谈论摄影时，也在谈论基于《新京报》品牌价值观的观点与看法，而他们呈现在报纸与网站上的优秀图片，以及闪动在每一个活动现场的身影，业已成为《新京报》的品牌标志。

这段时光里，拍者网不断探索、创新，也在不断总结经验和教训，对于专业的UGC[注1]摄影社交平台而言，拍者网仍有很多亟待改进之处。

注1：全称为User Generated Content，即“用户生成内容”。

网站，不仅是网站

事实上，真正吸引用户以及提高用户黏性的，永远是优质的产品，也就是内容。如史玉柱所说：“营销固然重要，但是它的基础一定是好产品，对消费者有帮助的产品，负责任的产品。”

UGC网站的形式在新媒体平台迅速发展的今天已经并不新鲜，那么拍者网赖以生存和发展的能量，便是提供对用户有帮助、负责任的产品。对于拍者网来说，这包括高质量的活动，全方位的图片呈现渠道，及细致入微的服务。

2012年4月26日，阮义忠讲座，拍者踊跃发言

2012年，拍者网接连设计推出了大师讲堂、月赛、外拍沙龙、公益摄影等一系列活动，尽可能将活动的种类多元化，线上，《拍者眼界》栏目每天为拍者提供优秀的摄影师作品，满足其获取信息的需求。

拍者大师讲堂是拍者活动的开山之作，首期邀请的是著名摄影家阮义忠先生，拍者网发布报名通道后，很短的时间内，网站注册量便有了显著的攀升，到场拍者把报社大会议室坐得满满当当，互动热情也很高。

接下来，我们请到了在摄影界颇有声望的贺延光、王身敦老师，以及在一线奋战多年的资深摄影记者们，从各种角色的切点上为拍者分享丰富的经验，通过知名嘉宾的影响力带动网站的影响力。

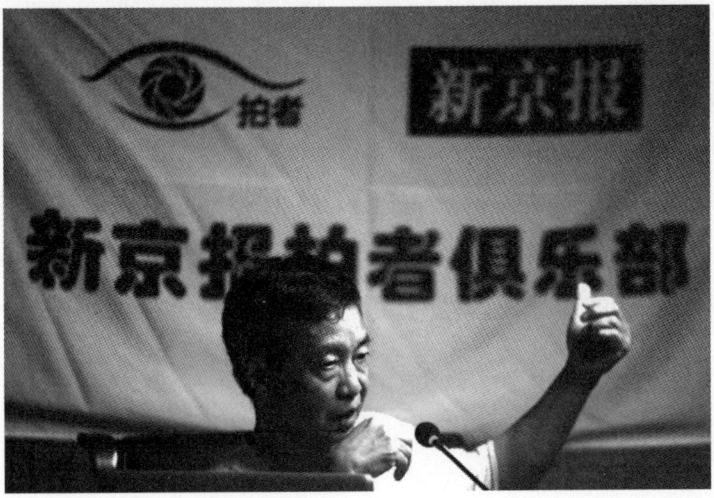

2012年 8月4日，贺延光老师的讲座

连续几期讲座办下来，我们发现，大师讲堂对拍者的吸引力很大，每场讲座的实际到场人数持续保持在200人左右。

反过来看，讲座虽可带来明显的注册量增长，但这种增长呈阶段性特点，并不能保证用户注册量的持续增长。与此同时存在的问题是，当建站伊始的内容生产高峰过去之后，用户自身生产图片的动力进入滞胀期，活跃度也亟待提高。对此，去年年底，我们设计了一组360度的调查问卷，针对用户对网站所提供内容的偏好进行摸底调查。

调查显示，“讲堂、外拍、公益”三项线下活动的参与度优于其他，占到70%以上。在参与调查所有的拍者中，有超过一半的用户有成为职业摄影师的愿望，希望通过拍者网的线下活动获得专业的培训和成长，对于线上分享互动的愿望指数仅次于线下。

根据调查数据为我们提供的信息， 2013年，我们对网站内容进行优化。活动方面，在延续原有大师讲堂、外拍沙龙等的基础上新推出线下的拍者工作坊、拍者支教，线上的主题摄影、拍者影展、我在现场等活动；呈现渠道方面，开通了拍者微信公共账号；针对网站、官方微博、微信等平台的不同传播特点，在细节上进行区分，有针对性的运营。

所有探索的目的，都是尽可能提高网站的人气、用户的黏性及品牌影响力。

摄影，不仅是摄影

摄影绝不仅仅是拍照片这么简单，建立在摄影这一主题下的UGC网站更不应仅仅是让用户按下快门，上传图片。而是要通过拍摄及分享摄影作品的过程形成新的力量一起做些事情。

在拍者网举办的公益摄影活动中，摄影作为一种艺术形式，与大家的热爱凝结在一起，形成一种温暖的力量，正在向外发散。

拍者公益摄影的宗旨是：让每一位拍者体会“影像的温度”。让受助人切实地得到帮助。

2012年，首期公益项目，我们选择了“重大疾病无医保孩子”，在六一儿童节前夕带着6名大病患儿及他们的家人去野生动物园游览，并按照他们的心愿精心准备了礼包，在活动现场交到他们手中，10位拍者通过网上报名参与其中，与这些孩子一起度过了一个美好的儿童节。通过线上互动、线下拍摄、报纸版面呈现等方式，总共为孩子募得善款约6万元，还有书包、玩具、书本、服装等物品，同时，在活动结束的第二天，新京报公益版整版刊发了对儿童大病医保的体制问题的调查与分析，将活动真正地落了地。

以摄影的名义，可以做的事情，还有很多。

2012年拍者关注大病儿童活动前期报纸对大病儿童个体的连续报道

2013年，拍者公益活动走出北京，走进了千里之外的贵州贫困山区，为六盘水市彭寨小学的学生讲授摄影课。前期推广中，支教活动在微博上遭到了一些网友的非议，认为给贫困山区的孩子上摄影课是“矫揉造作”的，但当拍者们和大学生志愿者们一起，将事情付诸实践，通过上课和每一天的朝夕相处，我们发现，在基本温饱可以解决的情况下，梦想，以及对追寻梦想所产生的动力，对于一个孩子和一个家庭来说，比多一个馒头更加重要。

活动获得了企业的支持，我们为山区的孩子们准备了相机、文具等物

资，在硬件上给予他们帮助，当我们把孩子们用相机拍摄的照片和拍者拍摄的照片共同刊发出来，感动了很多人，在微博上获得了100%的好评。

拍者贵州支教，拍者教小朋友感受相机里的世界

如果说公益活动是集体力量的整合呈现，那拍者“我在现场”就是化整为零的自由发挥。“我在现场”是号召拍者加入新京报即时新闻生产的口号，将拍者资源融进报网、报纸及官方微博，这样一来，拍者成为了新闻的提供者，新闻资源的触角得到延展，反之我们也给予了拍者发声的通道，和学习专业新闻生产的过程。

新闻也许就是这样，它来自社会中每一个人观看世界的态度，不仅是专业的新闻人。将这种良性互动坚持并积累下去，也许将是积小流而成江海的力量。

用户，不仅是用户

调查显示，拍者中最小的用户年龄是11岁，最大的65岁。大学生、白领、公务员和退休人员基本构成了拍者网用户的主体，69%的人通过报纸认识网站。根据2012年的站内流量和注册信息统计，用户使用的群体年龄段前三甲分别为：18—24岁、40岁以上、25—29岁。这种年龄分布特点与摄影爱好者群体构成、报纸读者结构以及网站使用者年龄分布特点都有密不可分的关系。

对于UGC网站来说，用户就是上帝，但上帝的内容创作也需要有效地引导。在现有用户群体的身份及年龄分布中，我们发现他们的共性是：对纪实摄影的热衷以及对《新京报》价值观的高度认同。

根据这一特点，2013年，拍者网的线上活动完成了一个转变：从自由发挥过渡到主动引导。在选题的把控上，考虑版面定位、新闻时效性的同时，尽可能寻找激发摄影爱好者热情的内容和方式，既不打击他们日常拍摄的积极性，又可在图片编辑的引导下，将拍者个人力量凝聚起来去做完整而有价值的选题，给予拍者成就感，拍者版的策划性和质量因此明显提升。在告别风花雪月似的自由发挥，编辑的被动选择后，拍者图片多次在报纸封面上刊登，具有策划性的新选题接连被门户网站及其官方微博转载，网站的流量和注册量得到提升，如此呈现出来的影像产品价值，是1+1>2的。

新京报

www.bjnews.com.cn

户籍人口 1297万 比前年增加19.6万

北京发布人口数据

暂住人口 784万 比前年减少41.6万

今日午后开堵

北京大气污染防治区县政府签军令状

围绕压减燃煤、控车减油、治污减排、清洁降尘四大关键领域、落实大气防治任务

雷政富终审获刑13年

北京拟试点以房助老

美枪案疑犯患精神病

新闻热线 67106710

新京报

www.bjnews.com.cn

刘志军受审哭泣认罪

【受贿罪】

1986年至2011年间，为丁羽心等11人在职务晋升、承揽工程、获取铁路货物运输计划等方面提供帮助，先后受贿6460.54万元

【滥用职权罪】

为丁羽心及其亲属实际控制的公司获得铁路货物运输计划等提供帮助，致使公共财产、国家和人民利益遭受特别重大损失

京“虹”一瞥

红监会将督促红会重查“郭美美事件”

公积金缴存上限提高396元

本月打车13元和10元并行

新闻热线 67106710

有效的主题引导并不等于对用户个性创作的毁灭，拍者在线影展便是让用户的个性得以充分展现的一个新板块。

起初，在线影展的选题把控权在图片编辑的手中，由编辑在拍者中挖掘优秀的摄影师作品。如今，拍者影展已向所有拍者开放申请，任何有想法的拍者均可以报名参加，哪怕想法只停留在萌芽阶段，入选拍者经过与图片编辑和摄影记者的充分沟通，将选题继续进行并完善下去，最终成为一组具有一定影像水准的完整作品，通过影展页面展现出来。由图片编辑担任策展人对拍者作品进行推介。这种双向的沟通，无论对拍者还是图片编辑来说，都是一个新机会。

对用户生产内容进行引导和激励的同时，服务和沟通显得尤其重要，拍者网现有与用户交流的渠道有网站、QQ群、微博、微信、邮箱，还有最直接的电话、活动现场与编辑记者面对面的交流。

最重要的一点是，拍者用户不仅仅是一个用户名和屏幕上闪动的一个头像——他们是有血有肉的人，个性迥异的摄影师。他们需要的，是细致入微的人性化服务。

对于拍者通过各个渠道的互动，我们尽量做到有问必答，无缝连接。每次活动前，点对点将时间、地点、交通方式等信息发送到用户手机上，不少

拍者米度克讲述自己2012年度作品

拍者特别关注报纸对自己照片的使用情况，我们便在拍者作品见报的当天通过站内信、短信、QQ或微信通知他们，有邮寄报纸需求都尽量满足……

2012年底，拍者的第一次年度聚会在报社举办，主题是“我的2012”，30多位拍者通过作品的线上PK获得了活动入场券，现场，拍者将精心编辑好的作品在幻灯上播放并进行阐述，之后与新京报摄影部的编辑记者进行面对面的专业探讨和交流，我们也充分听取了他们对网站的意见和建议。2013年，拍者的年度聚会计划走出去，以线上影展、线下影展、讲座、交流等相结合的方式进行。

如第一个拍者版面诞生时的开篇语所说：“我们相信，拍照片是分享生活乐趣的最好方式之一。”我们也相信，通过拍照片可以产生更多的能量和价值。这是一个梦想，让我们把这个网站做得更好。同时也让我们清醒地认识到，拍者网在网站建设，提升用户体验，以及活动的策划和规模上还有很大的改进和提升空间，在探索拍者网发展路径的途中，需要大家共同的努力。

（作者系新京报拍者网编辑）

近年来，众多传统媒体纷纷上线了自己的App，这样来势汹汹的App变革，会改变纸媒的命运吗？

传统媒体的App之路

刘禹泽

移动互联所引起的巨大波涛，给传统新闻业带来了不小的震撼。

当我们工作的时候，打开的不再是表格纸，而是Macbook；我们要看新闻的时候，展开的不再是报纸，而是手机；我们说到书架的时候，想到的不再是那个木质的架子，而是App应用里面的小说书架。这些，都让我们不得不重新审视媒体和其读者。

然而，媒体及其读者的最终模式由双方共同磨合而生。媒介形式影响着读者的阅读习惯，而读者的阅读习惯势必影响媒体的内容定位和体系构建。在媒体与读者的磨合中，还掺杂着平台、渠道、商业盈利、文化形态等多方面的融合。

传统报业受众分化

对于传统报业来讲，2012年危机四伏的一年。独家报道锐减，内容同质严重，广告占据了越来越多的版面，各种新型新闻媒体涌入，报纸发行量锐减。

中国新闻出版研究院发布的《第十次全国国民阅读调查》结果显示：2012年我国18至70周岁国民图书阅读率为54.9%，比2011年的53.9%上升了1.0个百分点；报纸的阅读率为58.2%，比2011年下降了4.9个百分点；期刊阅读率为45.2%，比2011年的41.3%上升了3.9个百分点；数字化阅读方式（网络在线阅读、手机阅读、电子阅读器阅读、光盘阅读、PDA/MP4/MP5阅读等）的接触率为40.3%，比2011年的38.6%上升了1.7个百分点。也就是说，在整体国民阅读率均有所上升的情况下，传统报纸的阅读率竟下降了近5个百分点。这并不是一个小的数字，这意味着每100个阅读报纸的人中就有5个人已经不再阅读报纸了。

面对如今多元化的内容获取渠道，受众其实并不是单纯的选择和不选择，而是综合各个媒体的特征，进行更加适合自己的媒体阅读方式搭配，更加倾向于选择便捷、低廉、内容丰富的，并且符合自己生活习惯的媒体平台。

同时，这也意味着，报纸作为一种传统的阅读媒体，虽然阅读率锐减，版面和格局也许会发生变化，但恐不至于消失，它的一些特定属性仍然有着其他媒体所无法取代的功能，只是在如此多新媒体涌入之时，在首都北京，“早晨手拿一份《新京》，晚上手拿一份《法晚》”的人越来越少。

反观，很多传统报业已然开始转型，更加明确纸媒的优势，更加明确自己的分工，通过改进管理体制和运营机制，提供差异化的内容和服务，逐渐获得新的受众认知。有些已经成立了新的公司，有些已经开始获利。在调查中显示，近三分之一的用户经常使用智能手机查看新闻，而且相比于网络等媒体，报纸拥有着更高的内容权威性。总而言之，媒体在如今的信息时代正进行着分立或者重组，以个人为中心的媒体阅读习惯在重新确立。

智能手机App崛起

自2007年6月29日起苹果iPhone进入世界，已经6个年头过去了。人们说，曾经有三个苹果改变世界：夏娃的苹果让人有了道德，牛顿的苹果让人有了科学，而乔布斯的苹果让人有了生活。然而，乔布斯最杰出的作品绝不是iPhone，也不是iPad，而是App！

近日有国外调研公司称，Google Play应用下载量年内有望超过苹果App Store。该数据显示，目前全球的Android 用户为9亿，苹果iOS用户是6亿，且Android用户每月通过Google Play下载App的数量已超过5亿次；而苹果公司也宣布，目前App Store中App累积下载量已突破500亿次。中国市场方面，百度2013年3月发布的Q1移动应用搜索行业报告显示，国内App资源数量逼近50万。从2012年1月到2013年3月，移动应用搜索带来的App下载量增幅亦高达465%。

在接受调查的青年网民中，46.2%的人表示手机中拥有的App应用在10个以内，拥有11—20个App的有两成（21.8%），手机App数量在20个以上的有三成（32%）。

不同手机系统用户持有App应用的数量差异（%）

用户拥有的App数量	iOS	Android	Windows	Symbian	说不清楚品牌	其他品牌
10个及以内	23.9	46.4	49.5	96.3	78.8	77.1
11—20个	19.9	24.1	23.3	0	13.8	11.4
20个以上	56.2	29.5	27.3	3.7	7.4	11.5

数据来源：2013年零点e动营销手机用户调查，共1973人参与回答

另一方面，电子阅读已经成为全球的趋势。今年四月发布的第十次全国国民阅读调查显示，2012年国民人均阅读电子书2.35本，相比2011年的

1.42本增幅达65.5%。人们普遍认为，周围人群对于电子阅读的热情已经超越了纸质阅读。

纸质阅读热情　电子阅读热情

	纸质阅读热情	电子阅读热情
非常好，大家都经常阅读	10.5	22.4
很好，大家都很爱阅读	16.1	32.6
一般吧，参差不齐	59.4	38.7
很差，很少有人阅读	9.7	3.2
非常差，基本没有人阅读	2.0	0.5
说不清楚	1.6	1.6

数据来源：2013年零点e动营销与手机QQ浏览器联合调查，共1890人参与回答

然而，在不同人的手机中，App赋予了每个人价值观、消费观和生活习惯新的含义。每个人都有其特殊的身份和文化背景，每个人手机中的App不可复制。我们可以向别人推荐一款App，也可以帮助别人去下载一款App，但我们却不能长久地强迫别人去使用一款App。在如今这个时代，推出的App多，被卸载的App多，即使推出了但却未被知晓、未被下载使用的App更多。苹果应用商店2012年新增App数量33万个，同时下架近28万个，也就是说，每天有700多个App从应用世界里消失。

那么，如此来势汹汹的App会改变纸媒的命运吗？

2011年1月，全球最大传媒公司之一新闻集团和苹果公司合作开发了第一款iPad付费新闻阅读产品——《日报》（*The Daily*），双方都对这次市场探索给予了较高的希望，可以称之为传统报业与移动互联的一次合作试水。

“《日报》是新时代的发展潮流。”新闻集团CEO默多克非常自信地表示。苹果教父乔布斯也曾称其为“iPad上最令人期待的新闻阅读产品”。得到了这两个人的肯定，传统报业向新闻类App转型俨然成为传统媒体焕发第二春的救命稻草。

2012年12月15日，《日报》在运营22个月后宣布因连续两年亏损被迫停刊。而此时，默多克已经向《日报》投入了至少3000万美元。看来，新闻业的第一次App试水并没有想象中的那么成功。然而这一次试水仍然是值得的，这让我们清晰地看到，尽管《日报》拥有了金牌专栏作家里翰·萨拉

姆，拥有了《纽约客》的音乐评论家萨沙·佛瑞琼斯，但是新闻App的用户使用轨迹还不清晰，用户行为还不定性，盈利模式还有待观察。

移动用户的App使用习惯

归功于技术革新和新增创意，我们对手机的依赖性越来越高，我们的生活越来越多地被App所包围。中国人是最含蓄的，也是最懂得人情世故的，但是却在手机的App里隐藏着一个真实的自己。我们出门不可以忘带钥匙、不可以忘带钱包，现在多了一样——手机。电影里葛优扮演的严守一用纯正的主持腔说："手机还是带到身上踏实。"

然而新闻App在所有App的下载排名中却不是那么理想。在苹果的App

用户经常使用的App类型（%）

1	图书（91熊猫看书、糗事百科）	56.4
2	音乐（酷狗音乐、QQ音乐）	50.3
3	社交、通信、聊天（微信、微博）	46.8
4	游戏（QQ麻将、愤怒小鸟）	44.0
5	天气（墨迹天气、PM2.5播报）	35.5
6	娱乐（优酷、唱吧、会说话的汤姆猫）	35.2
7	新闻（腾讯新闻、财新网）	31.0
8	工具（安全管家、计算器、流量检测仪）	28.1
9	导航（高德地图、soso地图）	22.6
10	财务（支付宝、同花顺炒股）	13.6
11	生活（日记本、航班查询）	12.3
12	摄影与录像（美图秀秀、美人相机）	11.6
13	报刊（时尚芭莎、电影世界、疯狂英语）	9.3
14	体育（5+体育、直播吧、体育画报）	9.2
15	效率（有道云笔记、二维码扫描、手电筒）	9.1
16	旅行（去哪儿旅行、携程、酷讯机票）	8.8
17	商品指南（淘宝女人街、表友天下）	7.2
18	美食佳饮（下厨房菜谱、星巴克中国）	7.1
19	参考（金山词霸、姓名测算）	6.6
20	教育（网易公开课、儿童有声读物）	6.3
21	商业（名片全能王、office办公、红孩子）	5.6
22	健康健美（大姨吗、YOKA男人）	3.6
23	医疗（好大夫、胎教听听）	2.3

数据来源：2013年零点e动营销手机用户调查，共1973人参与回答，本题为多选

Store和安智市场上，排名第一的一般是游戏类App，第二的是工具类App，第三的则是音乐、娱乐类App。

但在对近两千名智能手机用户调查时，我们发现，图书类App、新闻类App、报刊类App和教育类App分列在App使用的第一位、第七位、第十三位和第二十位。

我们先来分析一下图书、音乐、社交、游戏这四类App为何能够占据这个列表顶端。

对于图书类App，其实我们可以清晰地看到，在电子阅读时代，阅读不再单单为了学习，也不再咬文嚼字，而是更加回归“悦”读的本质。因此，满足读者的兴趣爱好“悦”读是图书类App的一个重要特征。而且愿意使用这类App的大多是青年人，这些爱好广泛的青年人对于“悦”读的内容范围也要求甚广。以往的读者需要名家指导和广告堆积来吸引，而如今的年轻人则更倾向吸引眼球、贴近生活互动的内容。而且现代人每天生活工作压力都倍增，他们需要用《斗破苍穹》《凡人修仙传》去忘记白天没有做完的工作，带着轻松的心态去进入梦乡。对于不愿拐弯抹角、不愿深究的现代人来说，这种快餐式、浅显易懂、搞笑、命不由天的图书内容似乎更加符合自己的口味。

在对社交通信类App进行分析时我们发现，社交通信类App在一线城市使用率为53.8%，高出三、四线城市十个百分点。任何事物的流行都有它的社会基础，微信、微博得以在一线城市流行也不例外。在一线城市，“忙碌”已经成为了代名词。我们有高工资，但是依然不够花；我们有车，但却没有地方开；我们也有朋友，但却没有时间聚。因此，微博、微信、QQ这些社交通信类App纷纷充斥我们的手机里，我们通过这些社交通信工具获得同学的生活现状，我们通过它们与熟人保持时不时的联系，我们通过它们与客户、领导维系进而促进关系。这类App也无一例外地朝着让内容发布与更新更加简单、让交流更加方便、让界面操作更加简明发展。

相比于一、二线城市，游戏类App和音乐类App在三、四线城市里拥有更高的使用率，45.3%的三线城市青年使用游戏类App，44.1%的四线城市青年使用游戏类App。而在安卓市场里，App游戏也脱离其他类型的App成为单独的一个类别。从《愤怒的小鸟》到《水果忍者》，再到《神庙逃亡》，再到《保卫萝卜》，没有那么高的操作要求，不需要占用那么多的时间，简单而又能跟社会同步。因此，这类游戏成为打发时间、轻松休闲最好的选择。

这样来看，由于智能手机的普及，手机App用户的知识水平和素质习惯其实是被拉低的。而且，尽管手机功能强大，但并不适合做太为复杂的事情，将App作为娱乐休闲打发时间的工具似乎是更多人的选择。这也说明，纸媒要想推出App肯定不能照搬母媒的内容，不能作为传统媒体的附庸而存在。

无处不在的电子阅读

截至2012年，全球移动互联网用户数超过15亿（我国移动互联网用户数已达到4.2亿，相当于继中国、印度之后的世界第三“人口大国”，占到全世界近7%的人口比例）。在这样一个广袤的信息受众图谱中，受众对于移动互联网的使用习惯与媒介阅读习惯并非孤立于彼此，而是彼此勾连。

心理学上，把人们对手机的无比依赖定义为“手机依赖症”，是一种心理疾病。主要症状就是手机不在身边就心烦意乱、无法工作，吃嘛嘛不香，精神恍惚、脾气暴躁……

调查显示，相当多的青年公众表现出较高的手机依赖性。手机离身超过一天就不能活的大有人在：在正常生活和工作状态下，有13%的青年人表示可以忍受手机离身1小时；表示半天时间可以不带手机的是23.9%，一天不带手机的是25.2%。

不带手机能够忍受的时长比较（%）

1小时以内	12.0
1-3小时	11.6
半天	23.9
一天	25.2
两至三天	11.1
三天以上	16.2

数据来源：2013年零点e动营销手机用户调查，共6940人参与回答

也许对于手机给生活带来的变革大家认为自己早已熟知，但在实际运用到App上时还欠点火候。从手机衍生出来的用户阅读习惯值得获得更多的关注。手机已经割裂了人们的阅读时间。而今的上班族可以早晨睁开眼、挤地铁上下班、等人时、吃饭时、睡觉前都可以刷手机。手机填满了人们的碎片时间，让阅读可以无处不在。

然而电子阅读带来的绝不仅仅是时间上的改变，它还改变了阅读的场所。调查中显示，进行纸质阅读的主要场所是家里、图书馆和学校，而进行电子阅读的主要场所是家里、办公场所和交通工具上，更有近两成（17.6%）的青年受众认为“无所谓，哪里都可以”进行电子阅读。

即便是在家里，纸质阅读也与电子阅读形成了鲜明的对比。调查显示，选择在家里阅读的青年人中，纸质阅读的主要地点是床上（67.8%）、书房（51.8%）和沙发或椅子上（48.5%）；而电子阅读的主要地点是床上（77.7%）、沙发或椅子上（47%）、书房（38.1%）和洗手间（30.4%）。

纸质阅读和电子阅读的室内场所比较（%）

	纸质阅读	电子阅读
书房	51.8	38.1
床上	67.8	77.7
阳台	15.7	9.0
去洗手间时	20.0	30.4
客厅沙发或者椅子上	48.5	47.0

数据来源：2013年零点e动营销与手机QQ浏览器联合调查，共1890人参与回答，本题为多选

当然，通过手机阅读是电子阅读中的翘楚。调查显示，在接触过电子阅读方式的青年人中，有84.9%的人选择了经常在手机上阅读。

在各类电子设备上的阅读情况比较（%）

在电脑上阅读	66.9
在MP4/MP5上阅读	7.0
在手机上阅读	84.9
在kindle、nook等电子阅读器上阅读	3.7
在iPad等平板电脑上阅读	20.3

数据来源：2013年零点e动营销与手机QQ浏览器联合调查，共1890人参与回答，本题为多选

“随时随地阅读、方便”（83.3%）、“阅读内容更丰富”（48.0%）和“费用低廉”（37.1%）等优势使得手机阅读成为获取信息和日常社交最便捷、有效的手段和传统阅读的有益补充，受到人们越来越多的追捧。

内容和渠道都为王

像前文所提到的，用户对移动互联的使用更多是怀着一种渴望放松、娱乐的心态。在对使用手机浏览器进行资讯阅读的用户调查时，反馈也发现，新闻（75.4%）、娱乐（44.8%）、图片（28.5%）是大家最喜欢阅读的内容。并且，逐步走向职场、为人父母成为社会中坚力量的80后们对新闻、话题的偏爱高出90后近15个百分点，而走在青春最前沿的90后则对时尚、星座更加着迷，95后对于星座的偏爱尤甚。

用户查阅的资讯类型比较（%）

新闻(新闻头条、每日精选、网易新闻等)	75.4
娱乐(南都娱乐、娱乐八卦、腾讯娱乐频道等)	44.8
图片(明星美图、美空模特、花瓣美女等)	28.5
科技(爱范儿、36氪、互联网那点事儿等)	23.1
生活(中国国家旅游、豆瓣书评等)	23.1
体育(新浪NBA、体坛周报等)	22.4
星座(星座运程等)	20.0
话题(春运资讯、减肥、考研等)	17.1
财经(华尔街日报、经济观察网等)	15.4
时尚(米娜、嘉人、YOKA时尚)	14.1

数据来源：2013年零点e动营销与手机QQ浏览器联合调查，共736人参与回答，本题为多选

除了资讯内容上的倾向，原创新闻仍然是传统纸媒得以体现自身核心竞争力、争取独立用户的关键。我们也可以看到，网络媒体人基本上是在做一个新闻遴选者的工作，只是在从海量的信息中筛选更加适合读者的内容进行重新整合。这样做，诚然给读者带来了巨大的便捷，但也缺乏独特性、权威性。

虽然，传统纸媒独霸线下用户，但在App方面，仍然是IT互联网企业

的天下。互联网企业不仅拥有着成熟的技术、庞大的编辑团队，还拥有着致命的终端用户群体。最让人头疼的就是，即便在新闻App内容中涵盖了重点新闻、娱乐、图片、科技、体育……多种多样的内容，仍然争取不到广大的移动互联用户。即便发表的是独家，仍然需要借助互联网企业才能够获得上好的传播效果。

80后作家韩寒主办的《一个》App刊物可谓是其中的成功典范。上线不到24小时就超过N多热门游戏与应用，冲到了App Store中国区免费总榜第一名。在这样的情形下，传统纸媒亟待改变过去读者的概念，而是以用户为中心，需要对每一个用户建立起差异化、原创独特的内容供应。

发展道路选择

面对突然闯入的移动互联，恐慌的不只是传统媒体。当以前的习惯不复存在，家门前的书店纷纷倒闭，人们一边开始怀念“孤枕独卧青灯漫”的苦心孤诣，一边却又无法抗拒3英寸屏幕所带来的诱惑。

如何赢得用户的青睐？这是一个终极话题。作为一个App媒体企业而存在，越来越需要意识到用户的重要性，向新生代消费者示好。在阅读方面，虽然电子阅读产品目前覆盖了所有年龄层，但随着大量“新型电子产品”的出现，它的消费群体也正逐渐年轻化。而这些青年人无疑比其他年龄群体更重视产品功能的体验。在海量信息之上，技术发挥的优势为大多数用户所认可。

通过调查，我们也发现不同性别用户也有着明显的功能需求差异。轻质量求速度、避繁复求简单的男性，对手机浏览器“最新/热点推送”（23.8%）、“无图阅读”（25.4%）、“夜间模式”（46.0%）的功能要求更强。生性敏感、精打细算而又酷爱学习的女性则更加注重个人隐私保护，偏好“无痕浏览”（18.6%）、“流量统计”（36.1%）、“离线下载”（27.4%）和“摘录笔记”（26.9%）这样的功能需求。

高质量的内容原创倚赖于更为广大的互联网平台已经成为不争的事实。借助成熟的移动互联网平台发展自己的移动化生存道路似乎是更多传统媒体的选择，这也成为新闻类App被频频收购的原因。今年五月，《人民日报》（海外版）刊登说："《参考消息》在搜狐新闻客户端上的订阅量超过千万，《人民日报》在搜狐新闻客户端上的订阅量超过500万，超过其纸质版的发行量。"移动互联开发的平台无疑拥有更好的用户体验设计，在界面、图文、人力、软件功能上都更胜一筹；而传统媒体在实地探察、深度和广度上无疑是保证新闻质量的关键。强强联合的新闻类App模式已然被大多数传统媒体所采用。

然而，App应用毕竟只是移动互联时代的一种新型的渠道，诚如面世许久的PC端互联网，新兴起的微信。用户使用习惯和媒介属性的融合实际上只是受众分化的另一个层面，而很多对市场潜能和消费趋势的改变是可以预见的。要想成为文化圈里面最擅长IT的，IT圈里面最懂用户的，用户研究里面最有文化的，这不仅是传统纸媒，还有IT互联网企业，甚至是各类企业都要努力去做的事情。唯此，才能得以长足发展，并不断制造消费"向往"。

（作者系零点研究咨询集团研究员）

深度观察

INSIGHT

深度观察

每一则快评，看起来都是“速朽”。但不得不说，一些快评的影响，或许比报纸评论的影响更为真实可见。

新媒体评论：在“速朽”中寻找价值

王 华

写过时评的人，大概都会有一种无力感。类似的新闻总是一再出现，尽管新闻当事人和具体的细节会有所不同，但是背后的可供诊断的病症，早就被写过无数遍，开过无数药方，面对似曾相识的新闻，我们还能说什么呢？我们说什么能有所谓的价值呢？

新媒体评论，似乎将这种无力感推向极致。不仅因为传统评论面临的表达困境，还因为时效性更恐怖，作者还没来得及整理好思路，热点就过去了。你说或者不说、怎么说，似乎都没什么差别，你能据以判断优劣的唯一标准，似乎就是转发和评论显示的数字。但这数字，对事态的解决，对于严肃的媒体，甚至对于受众，究竟有多大价值？

说得好听点，这是一种传统媒体人的使命感，说得难听点，这是传统媒体人在新的环境下角色失落导致的焦虑。如何看待这些问题，将决定我们以怎样的心态和操作手法，在新媒体环境下求存。

从“我说你听”到“我说你转”

微博评论和传统评论最大的区别是什么？个人觉得不在字数限制，因为140字之外，还有长微博可以容纳比报纸评论更多的字数，而在于我们的读者彻底变化了。

在写一篇报纸评论前，我们往往要假定读者并不知道所评述的新闻，要专引一段新闻概要，交代评述的背景。换句话说，传统的评论，往往更具“我说你听”的主导意识。而新媒体环境下，我们必须意识到，读者本身就是处于信息环境中，他们的信息源已有很多，所知往往比我们更早更充分，所思所想可能也比我们更深入。

尤其是对于微博的活跃用户而言，通常都是在网络世界浸淫许久。也就是说，观点的消费者，和我们这些观点生产者之间的差距越来越小，甚至水准高出我们。每个活跃的微博用户，可能都是一个评论员。每一次原创的发布、每一次有选择的转发，其实都是一次评论的过程。对于这些读者，我们很难再提供诸如思想启蒙、价值观塑造等传统的“服务”，更多只能是一种“信息服务”。

所谓“信息服务”，举例来说，就是梳理复杂的新闻事件，用专业的眼光、用简练的文字，把新闻的争议点提炼出来，比如围绕一个关键词、一个争议句子、一个特殊身份，把这个写透，而不是去说空泛的道理；就是敏锐地感知网友们的喜怒哀乐，为他们提供“定制式”的观点，表达他们的情绪和心理。比如8月8日我们的一则被转发2万余次的微博，主题是“救救孩子”：

> “【救救孩子！】刚出生未见父母，婴儿就被几经贩卖，远离亲人；八九岁的女孩，在教室遭老师摧残致病……从医生到教师，最圣洁的职业干出最卑贱的勾当。我们该怎样跟孩子解释这一切？道德沉沦、制度疏漏，伤害的必是最柔弱的孩子。一出出悲剧后，该彻底省思拿出更多行动‘救救孩子’！”

如果以传统评论的视角来看，这则评论或许都不合格。因为婴儿被医生贩卖、学生遭老师猥亵，两个新闻事实之间，并没有太多共性，很难放置到一篇文章中去分析。但在那段时间，类似儿童权益遭侵犯的新闻层出不穷，很多人内心都隐隐暗藏着一股焦虑，需要一个情绪的宣泄。这样一则逻辑看似不严谨的快评，因为触动人们心中的悲愤，也就赢得很多人的共鸣。

随着时间推移，我们可能会越来越多地面临一个选择：是坚持传统的操作手法，还是顺应微博环境的阅读需求？这当然也可以换一种问法：是固守前途未卜的“我说你听”，还是追求哪怕一时虚幻的“我说你转”？这两者之间，当然不存在绝对的矛盾。但侧重不同，的确会影响我们判断选题、文字表达等诸多层面。

不要在“求快”“求新”中迷失

彻底变化了的读者，他们阅读需求的主要特征是什么？首先想到的可能就是时效。“天下武功，唯快不破”，这句话用在新媒体环境中，似乎至为贴切。谁能更快一点发布独家信息，从转发和评论数等，都可以直观看到“秒杀”效应。但“快评”是否也是“唯快”至上，是值得商榷的。

举例来说，有段时间恶性案件、暴力案件较多，这类案件往往关注度高、容易触动人们内心的愤怒或者怜悯，如果第一时间发声，的确容易取得很好的传播效果。但这类案件，真相往往也是复杂的，很难第一时间全部揭开，评论的落点选择就很困难，如果总是笼统地落到质疑政府，未必有太多价值，也不一定符合实情；哪怕就是含糊地谴责暴力，有时也未必精准。

比如，7月22日，北京某超市附近发生一起持刀砍人事件，我们第一时间发了一条快评：

> “【不能再眼看公共场所的暴力发生】首都机场的爆炸之后，北京城区一超市附近，又发生持刀伤人事件，伤者包括两名儿童。不管动机如何，公共场合的暴力，尤其是伤害无辜的暴力，都应受谴责。希望警方尽快查明案情，也有必要共同反思个体暴力的根源。否则，弥散的暴戾之气，可能伤害每个人。”

这当然也契合了当时人们对暴力事件频发的一种共同忧虑，但遗憾的是，随后警方公布，凶手有精神病史。因为这个关键事实的变化，如果再回过头去仔细看这则评论，就显得有些尴尬。就具体案件而言，反思精神病人的安全隐患，显然比泛泛的谴责暴力更有针对性。虽然快评的阅读时效往往是以小时计，很少有人会去“翻旧账”，反驳我们“过时”的言论，但这些急于发言而又失却准确判断的评论多了，会令我们的品牌失分。

如白岩松所说，要有更扎实的事实基础，再去做方向的判断，才是安全的。这的确是“求快”的新媒体评论，尤其不能忽视的。

除了“求快”之外，新媒体评论可能还存在一个误区，就是“求新”。我曾经做过一个小实验，将写好的一则快评发给几个朋友看。有趣的是，做媒体行业的朋友，看完的意见是觉得太过正式，不符合网络评论的活泼风格；可是其他行业的朋友、真正的“网民”，却觉得最大问题是写得太浅，分析得不够深入。

我的感受是，有时候做惯传统媒体的人，可能会潜意识中把新媒体的所谓新风格夸大，以为只有什么话都得加点表情、整点符号，最好文末加个“你怎么看啊，亲”才是做新媒体。但传统媒体和新媒体之间，语言风格的差异，可能没我们想的那么大。

因为字数所限，新媒体的评论的确在表达上更要讲究效率、语言更强调节奏鲜明，如微博大V李开复所讲，写微博要考虑第一句吸引人的眼球，最后一句促动人们转发。这是一种必须学习适应的新表达策略，但在选题和主旨上，依旧要坚持传统媒体的专业和严肃。网上插科打诨、语言活泼的意见领袖已经多得泛滥，网民还有什么必要来看你媒体？我相信看140字严肃表达的耐心，网民还是有的。

和我们的粉丝“相濡以沫”

140字的评论，看起来非常简单，偶尔写几条，似乎也不难。但要坚持每天几条，每条都保持在平均水准，其中的难度，只有操作过的人可以体会。但对一个媒体官微来说，持续水准、稳定风格的保持，比单条的爆发，价值显然更大。

过去读者阅读一份报纸，会以一种整体的眼光去看，一篇评论的观点不合心意，另外可能还有两篇作为平衡，不影响他对新京报评论整体的认可。但随着手机等移动终端的普及，受众看我们的官微，时间是碎片化的，但他所看到的每一条，代表的都是新京报评论的形象，一则快评不合心意，他可能就会取消关注，从此形同陌路。

因而，在新媒体环境中，保持稳定的价值观和独特的表达风格，就显得尤为必要。在这方面，有个失败的案例令我印象深刻。7月29日，我写过一则快评：

> “【美枪击案值得官员‘笑话’？】昨天，有媒体发布‘美佛州发生枪击案7人亡’的新闻。贵州省副省长@陈鸣明 在微博评论：‘怎么不笑话？天天骂祖国的人，又赖着不去米国！……’一场悲剧，7人遇难，身为政府高官，没有丝毫人道悲悯，反借此讽刺网友不‘笑话’，这逻辑真让人费解。”

这可能是我写的快评中，争议最大的一条。除了一些只问立场不问是非的疑似“水军”谩骂之外，好些网民也确实发现了这则快评的“硬伤”——虽然该官员对美枪击案的表态非常不妥，对网民的敌意也让人反感，但我们的批评确实弄拧了。结合该官员的几则微博来看，他“笑话”

的应该是网民，而不是美国的枪击案。我们批评的方向纵使正确，但是所使用的武器不对，也就削弱了批评的正当性。

之所以犯这错误，就是想“求快”，希望尽快发声，且被一些网民的愤怒所误导，忽略了仔细核实细节。但借口是什么已不重要，一旦错误犯下，就难以弥补。这对我是个警示：性质看起来越简单的事情，往往越需要缓一缓，去多问几个为什么。

每一则快评，看起来都是“速朽”，影响力很难超过一天。但不能不看到的是，每一则快评的影响，比报纸评论的影响更为真实可见。写完发出，你就可以很快看到受众的反应，感受到他们的喜怒哀乐。

想以几篇评论改变现实，也许注定虚妄，但我们至少可以在那有限的几个小时内，改变一些受众的心态，让他们的愤怒不显得孤独，让他们的快乐被更多人感受。仅凭此点，就值得我们以更严肃的心态，来对待和坚持。

（作者系新京报评论员）

在网络时代，新的形式会带来新的体验。深度报道也同样在探讨“形式的创新”，而且是没有禁忌的创新。

网络时代，深度报道的轻逸与沉重

张 寒

“轻逸”与“沉重”，是卡尔维诺在《未来千年文学备忘录》这本书中提到的两个词。他认为有时轻逸会比沉重更能体现力量。在我看来，深度报道是传统媒体最具专业水准的报道形式，我认为在网络时代，它既要维持之前力能扛鼎的沉重，也要有网络时代的轻逸。

《新京报》的深度报道，我们之前习惯称之为“核心报道”，现在我们更多地称之为“深度报道”。因为相比前者，深度报道可涵盖的内容更加广泛，现在《新京报》的《深度报道》栏目有很多种，除了核心报道，还有比如：人物与对话、特稿、中国眼、关注、动态追踪、策划专题、新图纸……

在网络时代，新的形式会带来新的体验。深度报道也同样在探讨“形式的创新”，而且是没有禁忌的创新。在这些方面，网络也给了我们很多启发，譬如搜狐网站有一档名为《新闻当事人》的栏目，“当事人”这个角度很好，它会把传统媒体不能报道的内容，作为人物报道来处理。包括腾讯的《活着》栏目，“活着”两个字可以说包容了一切。一年来，在《新京报》深度报道的实际操作与创新中，我们也有了一些体会。

1.前后方配合

在当前的情形下，遇到重大突发时，往往微博与微信上会出现信息井喷。记者到现场时，往往会因为信息缺失，只是在几个现场间疲于奔命。我们目前想到的一个办法是：后方依靠网络找到关键点，记者则单兵突进，通过网络和电话找到采访对象。

譬如2013年6月7日的厦门公交纵火案，当时记者赶到时，已经是第二天中午了。当时按照常规操作，我们可能会让记者去现场找目击者。但是那天下午突然有新情况出来——关于纵火者的消息。于是我们直接找到了纵火者陈水总。记者在几小时之内操作出了一篇人物报道。

当天有两篇报道，其中一篇名为《47人的生命终点站》的报道，占了将近两个版的篇幅。是通过三位后方记者对目击者的采访完成的，同时也是对现场所作的一个全面还原。另外一篇为《厦门BRT公交车安全五问》，则是我们通过电话连线，把最重要的问题交给了前方记者，其他的则由后方主笔统筹。事后来看，这种操作达到的效果还不错，未来，这或许将是操作重大突发的一个重要手段。

2.连续追踪

在网络时代，持续不断地追踪，成为了“致命武器”。在我们看来，连续性地追踪也是网络时代的深度报道。往往会挖掘到更深层次的信息。“萧山案”注1我们记者跟了近半年，在每个节点，他都能够拿到最新的料。并且在最终其他媒体记者都已经放弃时，他却采访到了“萧山案”的法官。这得益于他隔几天都会和这几个人联系，并最终在“萧山案”上抓到了报道先机。

注1：1995年3月20日，浙江省萧山农垦一场发生出租车劫杀案，司机徐彩华遇害，财物被抢。田伟东、陈建阳、王建平、朱又平、田孝平等五人就是因为这个案子坐了18年的牢。2013年5月22日，浙江嘉兴市中级人民法院指控项生源为18年前杀害萧山女出租车司机徐彩华的真凶。2013年7月2日浙江省高院开庭撤销对田伟东、陈建阳、王建平、朱又平、田孝平等五人的原判决。

3.堵住信息漏洞

“富平贩婴案”，我们在六天里，操作了“七个关注”，这其中，有些信息是很难整合的。除了动态，我们在报道的第一天，便直接推出了人物稿。并把一些碎片化的信息呈现了出来，我们主要考虑，如果不及时呈现，很可能会被其他媒体抢先。

第二天，陕西被拐婴儿回到了父母怀抱，所有媒体都在做这个现场时，我们则发了一篇名为《婴儿跨省倒手三次被卖六万》的报道，直接把记者本来准备作为深度调查的题材，以不到一个版的篇幅呈现了出来。其实如果这一题材做深度调查，做到很深入也是困难的，之后我们又做了特写《被解救

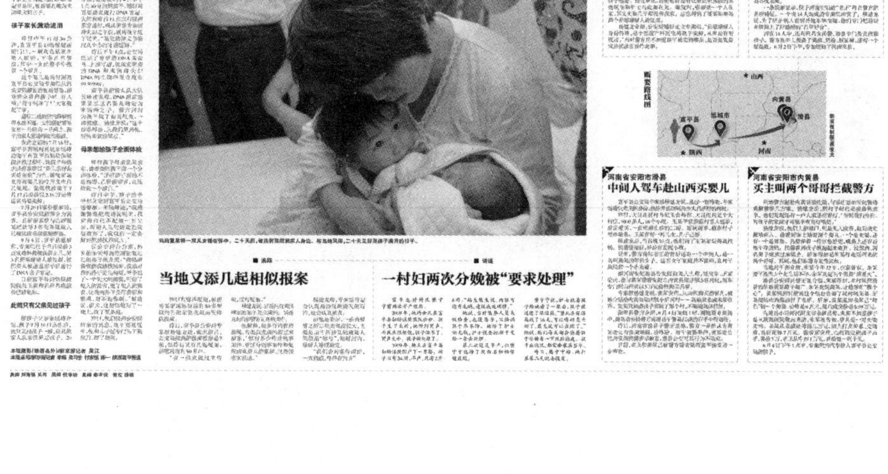
A16/A17 关注

关注

婴儿跨省倒手3次被卖6万

陕西省富平县
张淑侠：化验单引贩婴想法

山西省运城市
人贩子与张淑侠多年联系

陕西被拐婴儿回到父母怀抱

富平警方称DNA鉴定显示男婴确为来国峰夫妇之子；父亲忏悔听一面之词放弃孩子

孩子家长激动流泪

母亲想给孩子全面体检

河南省安阳市滑县
中间人驾车赴山西买婴儿

河南省安阳市内黄县
买主叫两个哥哥拦截警方

当地又添儿起相似报案

一村妇两次分娩被“要求处理”

孪生姐妹70天回乡路》和《贩婴女医生背后的熟人圈》等深度报道。基本上都率先堵住了其他媒体领先我们的可能。这就是不拘一格，依靠多种形式的应用，在堵住可能的信息漏洞的同时，取得更好的效果。

4. 守住“独家”

在网络时代，微博等社交平台进入了公众场，于是做到“独家”，越来越难，但正是因为难得，所以才更加珍贵。《隐秘大师“王林”的金钱王国》，对我们的意义就在于，在当前形势下，我们守住了“独家”。王林是我做的报道。说实话，采访的那一周，我最大的恐惧，是这个稿子被抢发。我知道也有其他记者在联系王林，我不去王林家，也一定有另外记者去王林家中。怎么做才能把稿子的基础打牢，又能守住“独家”？于是我每天早上起来，第一件事就是打开电脑搜索，看有没有媒体把稿子发了。我在一周之后，发出了这篇报道，心里也就有了底。因为当时我手里有很多关于王林的料，还没有发出来。于是在第二天，我们又发了《“大师”王林的合影学揭秘》。特别有意思的是，我已经有好几年没有收到读

A14 人物

隐秘“大师”王林的金钱王国

住五层别墅、以空盆变蛇等绝活结交名流；与政府高官关系密切；给商人放高利贷；被指控以收徒骗钱

人物

王林

人物 A15

者提供有效的线索，但是王林的事情发生之后，基本上，报社的呼叫中心，每天都会接到关于王林的爆料电话，料的来源也非常清晰，就是芦溪县。在接下来的报道中，关于“大师”王林被指在自然保护区建别墅，就是读者提供的线索。所以在网络时代，传统媒体一旦抓到了独家，接下来的一步一步，同样也会引起巨大的风浪。

5.轻盈的趣味

网络上轻盈的趣味，改变了我们对新闻、对热点的观念，网络吸引网友的形式，也同样在改变着我们做新闻的方式。在这个年代，有趣显得无比的重要，这也是我们深度报道正在探索的——深度报道是否能够涉及到趣味性和知识性。

形式的趣味性我们也在探索，《体验三男科医院，医生看钱说病》这篇稿子是新京报北京新闻部调查组操作的。所谓的“男科体验”，是记者以第一人称，去三家男科性病医院进行体验式的调查报道，从而引发了一系列比较有趣的事情。当时在微博上传播得特别广，被很多网友和同行评为“中国好记者”。

现在，我们也在尝试采用数字化表达的形式，创办了“新图纸”栏目。往往在文字的表达很难进一步解读的情况下，采用图表的方式，则会起到很好的效果。我们在做贫困县这一专题时，便依靠了图表简洁有力的这一特点。而且我们发现，这样的确能够引起一些关注。尤其是涉及比较严肃专题的操作时。

在大数据时代，所谓的相关性取代了因果性。在深度调查领域，相关性和因果性便是勾连和打捞，从而让一些新闻浮出水面。但有时，一些新闻事件本身，注定是永远最受关注的。譬如薄熙来案件，大家都知道这类题材很难报道。但《博客天下》做了与之相关的姜丰和马晓晴。再比如“大师”王林，很多媒体后来也去做了“80年代的大师们”，“各地的‘王林们’”。我们发现杂志更善于去做这类相关性的报道。这对于日报的深度报道来说，是值得借鉴的。

之前的新闻规律可能被更多话题所改变。我们之前做的一个专题《一名红卫兵的忏悔：永不饶恕自己“弑母”》。当时我们觉得这样一个报道效果可能不会太好。但结果见报以后，是非常受关注的。当时也有批评我们的，认为我们是“恶意炒作，居心不良”，因为在此之前没有任何相关的舆论热点。

经过观察，我们觉得，在网络时代，颠覆性的报道越来越多。这是一个众生喧哗的时代，网络裹挟的力量是非常大的。在前几年，专业的新闻工作者之间，通常不会出现特别大的分歧，尤其在两个同样专业的记者面前。但在这几年，你会发现，专业新闻工作者之间的分歧，往往是很难调和的，谁也没有办法说服谁。

对新闻的掌控力如何，是否有勇气溯本清源，是一个媒体的试金石。

新京报 2013年8月7日 星期三

A24 对话

一名红卫兵的忏悔：永不饶恕自己“弑母”

当年听到母亲“反动言论”后举报，母亲被枪决；几十年来内心煎熬，寻求救赎之路

对话 DIALOGUE

张红兵

“我应该成为反面教材”

“梦里母亲从不和我说话”

“无可挽回地格式化了”

怕父亲包庇，自己去检举

张红兵小时候的全家福。右二张红兵，右三父亲张月升，左二母亲方忠谋。

在“唐慧案”中，我们在一审时特别做了一个核心报道《“稳控”唐慧拉锯战》。但在此之前，当其他媒体在以人物报道的方式炒作唐慧时，我们也在考虑，要不要做这个人物，但因为种种顾虑，最后我们没有做。这对于我们来说，是一个教训，这本应该是发声的最好时期。作为媒体，我们应该在争议事件中不缺席，并勇于去发声。

当下，对于从事深度报道的记者，有的记者专门承担不停息追踪的职能，也有记者承担不断沉下去的任务，我们希望在网络时代，可以给更多喜欢沉下去的记者更多的时间，去做一些更能经得住考验的报道。

（作者系新京报深度报道部副主编）

新闻记者的专业分工在社会正常运转中不可或缺，新闻渠道竞争的加剧只会让这种分工的精细化凸显，这是社会演进的规律，也是新闻记者的自信。

新媒体记者的自我修养

李嘉陵

打破截稿时间的心理障碍

首先，忘了出版周期这回事吧，也别给自己设什么截稿时间了。

传统印刷媒体的行业历史是如此悠长，为报纸杂志供稿的记者们，脑中的出版周期和截稿时间的概念之强，是如同生理闹钟条件反射一样，以至于当越来越多的报纸记者，被要求向网站和其他新媒体产品平台供稿时，这成了首先要逾越的障碍。

然而，打破这个心理障碍的难度，并不像想象中那么难——很多为网站供稿的记者都下意识地抱怨，这是因为互联网的兴起带来了出版周期的消失，比照截稿时间交稿的“计划感”被打破了。但实际上，就算在互联网兴起前，也不是所有的传统媒体都有截稿时间。通讯社的记者很早以前就开始依靠全球电报通信系统实时发稿，各国主要的电视广播新闻台记者至少在20多年前就告别了所谓的截稿时间，依靠全球卫星通信系统进行实时现场播报。

当然，从通讯社和电视台的历史来看，确实存在这样的经验：每一次通信技术的突破都会带来新闻行业作业模式的剧烈改变。报纸杂志存在出版周期，并非因为我们的读者以这样的周期接收信息是天然的、科学的、情愿的、有道理的。否则，你无法解释日本的主要报纸都出版早晚两个版本，出版周期是其他大部分国家日报的一半。还有一个现象是报纸在重大突发新闻时出版的“号外”。

我们需要尴尬承认的是，我们这个行业对技术的应用程度是如此的保守和低效，我们让读者按我们的时间表来接收信息的主要原因，仅仅是因为印刷术和实物运输需要固定的时间。这并非毫无益处，比如充裕的时间可以保证新闻报道更加充分、深入和可靠。但实际上，今天我们很多的报纸，并没有在牺牲时间成本的基础上，提供给读者足以满足他们预期的高质量新闻作为回报。这是大部分报纸的竞争力在移动互联网兴起后溃不成军的实质性原因。——这是另外一个问题，但值得思考。

对比我们的同行之后，打破截稿时间的心理障碍应该就容易多了。实际上，大部分有志于从事新闻事业的人，都有一种“尽快让更多人知道我所掌握的事实”的职业原始冲动。基于此，互联网带来的打破时空隔阂的便利，不应该成为新闻人抱怨的对象。

互联网时代的新闻调调

那做什么样的选题，写一个什么样的故事，才是互联网读者喜欢的？

这个问题背后有一个潜台词，或者说疑惑：用互联网读新闻的那帮家伙（也就是很多人说的“网民”）跟报纸的读者是一伙人吗？还是“网民”们有独特的阅读口味？

在互联网普及度超过一定阶段后，“网民”其实是一个没多少实际意义的虚伪概念。各种市场调查机构、数据公司和学术研究机构可能有一大堆关于“互联网新闻接收者与传统报纸读者人群区别的分析”之类的数据报告。这些报告显然有助于我们了解今天人们接收信息的渠道多元化有多“严重”，从而让我们产生读者流失的恐惧感。

但我想说的是，互联网读者不是从外星移民来的新人类，他们也生来就活在已经有报纸有杂志的世界里，只是有了更新的通信手段和硬件之后，他们更敏锐地选择了更有利于自我的一种方式而已。这是经济学里消费者趋利避害的“理性人”原理：如果报纸和网络提供一样质量的产品，而网络在时间、价格和便利性上占优势，他们自然会选择网络。但是如果报纸和网络可以提供不一样的产品，而且各自物有所值，他们中有些人说不定两者都不会嫌弃。从这个角度来思考，也适用于“我们如何办一份互联网兴盛时代的畅销报纸”这个问题。

但是，“网友们”绝对有独立于传统报纸之外的阅读口味，哪怕他们同时也是报纸的读者。这跟人群区分没有关系，而是跟人们的阅读模式和与之相关联产生的阅读预期有关系。简而言之，同一个人，他在使用不同的信息接收渠道时，在不同的时间段里，在操作不一样的硬件终端时，在不同的使用情境（地理位置、周边环境和行程安排）下，都会产生不一样的“阅读口味”——实际就是不同的预期。如何满足这样变化的读者预期，需要新闻报道的撰写者和编辑充分了解不同产品、平台的用户属性定位。

这是玄之又玄的不可知论的调调么？我更喜欢把这叫作“读者心理学”，或者说，从生意的角度来讲，我们作为新闻产品的“贩卖者”（不要觉得这是贬义），市场竞争如今如此激烈，包销不剩的黄金时代已经一去不复返了，新闻的消费者也不再是没见过世面的“忠实读者”了，我们该花点时间来研究研究复杂多变的消费者心理了。不要认为这是社长和总编辑们才应该做的事，新闻生产不是流水线作业，大部分时候都依赖记者和编辑的个性作业，所以记者们才是这场“心理战”的主角。

一旦我们决定这么干了，你会发现实际的情况并没有那么复杂。因为我们每个记者编辑摆脱职业身份后，也是普通受众的一员。好吧，我承认就算作为读者我们比其他人更偏执，不过尝试作为一个普通读者来看这件事，如果你是时政记者，那么你读体育新闻时就更接近于普通读者，以此类推。当我们用手机接收信息时，想想我们通常都在干什么，等车、等人、塞车、过马路（仅仅是客观描述存在这类现象，绝对不推荐这样做）、坐在出租车后座、“马拉松”式的会议中领导滔滔不绝而你感觉无聊时、会议的间隙、早起睁开眼睛到身体离开床的这段时间、马桶上、餐馆点餐后等待上菜、在咖啡馆相亲时碰巧对方是个“恐龙”，等等。

这些碎片时间和类似场景构成了我们使用手机的主力，我想大部分人没办法集中精力来咀嚼一些长篇报道和令人费解的长句子。相对而言，坐在个人电脑前时，我们可能是在家里的书房、阳台飘窗、办公室这样的地方，对于更长而且更复杂的内容的接受度显然更高——但是对比拿一份报纸喝咖啡喝茶的人来说，还是差一些。而同样都是移动设备，当我们使用平板电脑时，我们可能更多的是蜷在沙发上，半躺或者趴在床上，或者办公桌前跷起二郎腿把iPad放在腿上，也可能是在旅行途中的咖啡馆里。从常识而言，使用平板电脑的时间更充裕，我们也更放松，对于内容的接受度包容性相对手机而言会更高。

以上只是从硬件的角度举了个生硬的例子。这是想说明：如果我们愿意花点时间去揣摩读者的预期，我们就会更能贴近他们的需求去为互联网供稿。比如，考虑到今天有接近或超过半数的微博用户是通过手机客户端在刷微博，那么记者撰写一个突发新闻报道的时候就应该注意到，快速而多篇的发稿显然更适合微博读者的预期。而后方的编辑则可以将前期的短篇报道滚动发布在web站点上，其后再将多篇报道重新改写成一篇中等长度的稿件发布在web站点上，并保持不断地增加最新内容。而这篇中等长度的报道也适合同步发送到iPad客户端上。

关于稿件长度和发稿频次，这仅仅是最初级的一步。更复杂的问题是，选题方面是否也存在差异？答案是肯定的。传统报纸的选题包罗万象，实际上今天很多报纸已经逐步减少了消息类稿件的印刷，而这类突发新闻稿件恰恰是即时传播的热门题材。灾难、事故、政治层面的重大变故、重大的司法案件、重要的政策和法案、金融市场和产业领域的重要数据和重大变化、政经文化领域的重要人物、重大的科技创新与科学发现等，都是互联网传播的热点，记者们有必要在第一时间将求证过的可靠信息通过网络传递给读者。对这些突发信息的深入报道和解读，是未来报纸刊载的更具吸引力的内容。

那么八卦新闻和更多私人领域的报道呢？这些可是网民们更热衷的话题。比如明星的花边故事、公众人物的私生活（最好是丑闻）、民众生活里的奇闻轶事，等等。事实如此。但我的建议是，这无关新媒体与传统媒体选题差异，这是一个古老的课题：新闻品相与媒体格调，是否要迎合某些读者的独特趣味，这个命题今天仍然存在，且没有标准答案。这取决于总编辑的选择。

需要补充说明的是，突发新闻并非新媒体唯一可承载的内容，仅仅在现阶段，大部分记者的主要精力仍然在为印刷版供稿时，选择突发新闻作为突破点是最合理的选择。当一个报社内部的管理运作流程突进到某个阶段时，更深度的报道和解释性报道也会自然抛弃截稿时间的概念。毋庸多言，一些花费时间长达数周到数月乃至数年的调查性报道的新闻爆炸性毫不逊色于突发新闻，且在今天这个信息泛滥的时代具有罕见的“独家性”，其网络传播的效果同样精彩——是否要提前于印刷版将这个报道发送到网络上，也取决于总编们的判断。

网络新闻文本写作

如果你觉得上述都是些废话，那么接下来我们将讨论下用怎样的语言技巧来写一个吸引网络读者的故事。不过让人失望的是，我的建议仅仅是回到写作的本源，找一本真正说人话的而不是充满教条理论的新闻写作教科书。关于如何吸引网络读者的写作问题，根本上依然是如何讲一个有趣的故事的问题。

如何写一个有趣的故事？有很多这方面的前人杰作，比如《华尔街日报是如何讲故事的》，无需赘述。我唯一想说的是，我们的大学新闻教育里充满了古板无用的新闻伦理教育，而可怜巴巴的实际操作教育层面，又充斥着散发腐臭的老旧气息的教条和框架。而当新闻专业的毕业生们进入到各家报纸开始撰写最基本的消息类稿件时，供他们模仿的“标准教材”都充满了陈词滥调，诸如“记者今天从某某政府机关了解到”之类的开头语和“据了解”“据悉”“据透露”之类的废话，以及从政府机构与公司公关部门的新闻通稿里复制过来的套话空话。大部分的编辑会认为这是消息稿的稳妥写法，出于规避某类来历不明莫名其妙的所谓风险，甚至就是出于惯性的懒惰，也不会对这种陈腐的突发新闻和消息稿件进行修改。当这样的文本出现在互联网上，对比个人博客等妙趣横生无拘无束的写作风格，网络读者自然会心生厌恶。而我们很多记者对此却毫无自知——讽刺的是，很多记者本身也是活跃的网络博客作者，其个人写作的语言很有吸引力，可惜一旦进入职务写作行为时就会旧疾重犯。

新闻文本写作是一个复杂的问题，写一个有趣的新闻报道“故事”也绝非一日之功，否则新闻界的前辈们也不会长篇累牍，研究著作也多不胜数。

而网络新闻文本写作，尤其是突发新闻写作本身又是一个简单的问题，需要仅仅是我们告别“消息稿件无文本意识”的潜意识。如果我们真的想讲一个有吸引力的故事，我们在突发消息各种爆发的时代，在新闻同质化严重的时代，就需要花点时间来打磨文字的技巧：文本的竞争已经不再是所谓奇技淫巧的层面了，而涉及到是否能做到有效传播的问题——哪个读者愿意转发分享给朋友一篇文字迂腐的文章呢？

友情提醒下，这种文字的技巧，不仅仅是在文本中加入“亲”“给力”“小伙伴们”这样的流行网络用语这么肤浅和简单。当然今天网络读者的阅读趣味和对文字的要求是与具体的产品，比如论坛、微博等，紧密关联的。加入流行词汇可以起到调剂和亲近的作用，但从根本上，依然需要我们摒弃套话、空话和陈腐的通稿语言，回到经典教科书，扎扎实实的用引人入胜的叙事逻辑，为读者呈现有价值的信息，也就是挤掉“水分”拿出“干货“的过程。

这是最好的时代

由此引申出最后的题外话，我们今天开始讨论文本技巧对有效传播的重要性的背后，是一个这样的潜台词：新闻的竞争已经趋于白热化。如果“白热化”也是一个让人麻木的词，那么直接而言，就是我们今天不仅仅在跟数得过来的那些家报纸在竞争——我们半个多世纪前就开始跟电视台在竞争了，我们80年前就在跟广播竞争了，20年前我们迎来了一伙儿更厉害的：互联网新闻站点。这些都还好，到此为止新闻渠道都是有限的。直到社交网络的诞生，智能手机的普及！信息渠道爆发式增长，数不胜数；技术门槛日益降低，接近傻瓜化。我们变成了跟数亿普通人竞争，而他们同时还是我们的消费者。读者群如同大河分散成若干涓涓细流流入沙漠……广告主的投入也呈现同样的态势——我们的话语垄断被技术打破了。我们需要承认这个事实。这既让人颓败，也可以令我们兴奋。今天的新兴信息渠道都是双向的，这意味着那些分散了我们读者的渠道也可以为我逆向使用。我们生产的新闻作品可以借由这些“细微血管”传播到以往我们传播不到的受众那里。新闻产业的商业模式和利润率是另一个问题，但是作为新闻从业者，今天我们可以借助如此发达的通信技术和信息网络突破时空的障碍传递信息，从技术层面而言，这不是最好的时代吗？

服务于公众的公共新闻作为一个行业，沉淀了数百年的专业经验，这个社会分工只会因技术进步而进步，而不会因此而消亡。就如同大部分人都会做饭，但厨师依然是个专业工作。一个读者可能在火灾现场第一时间发布火灾的新闻到社交网络上，但作为延续行为，几乎没有普通人会花两个月的时间甘冒各种风险去调查火灾背后的贪腐链条。新闻记者的专业分工在社会正常运转中不可或缺，新闻渠道竞争的加剧只会让这种分工的精细化凸显——一如其他行业的竞争也会提升行业产品品质一样。这是社会演进的规律，也是我们的自信。

但是，竞争的加剧会让生产效率低下，产品品质欠佳的机构和从业者面临淘汰。适者生存，优者胜出，这也是市场竞争的铁律。如何提高产品吸引力，赢得新闻用户的青睐，是从业者都需要琢磨的事。

所以，最后一个问题是，文字记者也需要拍视频么？拍视频可能会干扰到我正常的文字采访怎么办？

如果你觉得这段视频对你的文字稿件读者有吸引力，甚至比文字稿更有吸引力的话，而你手上确实碰巧还拿着一个最新款的iPhone，为什么不能呢，亲？

（作者系新京报网主编）

采编茶座

NEWS SALON

采编茶座

117

记者突破

一个"菜鸟"记者的逆袭

黄玉浩

调查记者就是不断地历尽千辛万苦，拿到你想要的料，并全力保护它，并让它顺利见报。所谓"突破"，贵在坚持，以及足够的智慧。

实际上所有的“突破”案例，在我看来，作为一名调查记者，只要在过程中，你的目光足够的真诚，你的内心足够坚定，你的立场足够光明，我相信“如何走出黑暗”，只是一个技术性的问题。这就是我在突破时，自己始终秉持的信念。

官员，我始终认为是这个国家最难搞定的人，也是最聪明的人（或者说最狡猾的人）。他们是对潜规则和明规则最了解的人。这不是一种偏见，首先这群人掌握着一定的公权力，所以在很多调查报道过程中，官员实际上是其中最重要的一种平衡，在某种意义上说，他们往往是最终的仲裁。在整个调查的逻辑链里，搞定了他们，基本上一篇调查报道就可能完成了80%。

如何与这些官员打交道？我认为调查“突破”，实际上就是要找到核心信源，见到别人见不到的人，拿到别人拿不到的料，知道别人不想让他人知道的事。然后让人说出理智情况下永远不可能说的话，建立一条别人未发现的实际逻辑链。我觉得这就是一个调查记者成功的“突破”。

那如何做到这一点呢？攻心唯上。从我2007年正式入职《新京报》以来，基本做的都是贪官落马，或者说关于政商勾结的调查报道，可以说是被我的领导刘炳路主编，硬生生地培养成为一名“贪官杀手”。实际上在一开始时，在我内心中，曾经历了一次非常大的煎熬与历练，从大学毕业到工作一年多的时间里，我不敢去敲政府办公室的门。当然并不是我有什么心虚，但就是很憷。

就是起初这样一位“菜鸟”记者，在安徽阜阳，却采访到了正在被纪委指定时间、指定地点交代问题的“双指”书记张治安；采访到了正在被举报人告发，除了性别全部都是假的，造假骗官的石家庄团市委干部王雅丽；也采访到了深陷舆论漩涡中的“下跪书记”，绵竹市委书记蒋国华。以至我的一位同事问我：“玉浩，你是怎么让这些人接受你的采访的，在我看来，这种时候还接受你采访，都是一些很傻的行为，除非是疯了。”我说：“我觉得是这样，首先一定让对方知道接受我的采访你能得到什么好处，拒绝我的采访你会得到什么坏处。”有个词儿大家都知道，叫“无欲则刚”。坐在你面前的人，如果你让他知道了你都掌握了什么，在这种情况下，你才有可能掌握他在心理上的变化，所以不管他是想利用你做一个澄清，还是想骗你在媒体上为他塑造一个光辉伟大的形象。总之这都是他的欲望，当然，没有任何欲望的官员是很难搞定的，而这种官员我至今没遇到过。

获得“突破”的先决条件

之前我也说过，最难采访的对象，永远是官员，在我们做了大量外围调查之后，采访到官员，则是一个必经的阶段。不管是公检法，还是代表党委和政府发言的宣传部门等类似机构。如何找到这些人，我的经验就是首先要找到这些人的电话号码或其他联系方式，因为只有这样，你才有可能给这些人发短信、打电话。那怎么能找到电话号码？可以有以下这样一些途径或者说诀窍：

第一，当地的访民，尤其是那种长期上访的老访民，他们基本上就等同于当地的资深调查记者。他们手上时常会握有当地官场秘闻和政治格局的资料，这些访民不仅有当地市长、市委书记的固定电话，甚至包括一些“问题官员”的“小三”的家庭住址都清楚。所以与他们接触，除了做外围调查的资料积累，同时还能拿到大量重要的联系方式；第二，当地的律师。所有的律师都会与“公检法”常打交道，所以他们也有很多资料和联系方式；第三，当地的媒体同行，因为他们一般都采访过当地的一些官员和领导。包括“跑线”的记者，长期跟着当地各部门领导进行采访，那么他必然熟悉当地官员的一些言行，包括他们的一些事迹；第四，就是当地的退休官员，这个资源也很重要。通过退休官员我们还可能获得一个“副成果”，就是对方的政敌如果恰好是你要报道的这位落马官员，就一定会获得很多素材。你便可以根据素材进行深入调查。只要调查记者能保证自己的写作是独立、客观、公平的，就不用担心在采访过程中别人对你施加影响。

第二部分，找到电话后，如何能联系上这些人答应接受采访？我觉得在接触这些人之前，还要做很多工作——基于外围的调查，这一点非常重要。比如说“安徽阜阳白宫”事件调查。这一调查我总共花了22天的时间。为什么会用这么长的时间呢？在这期间，我接触了大量的访民、意见领袖、律师、退休官员等等。另外还通过网络不停地去搜集所需要的一些资料，当然，互联网提供的资料是泥沙俱下而且量级很大，因此很难在海量的信息里找到自己想要的，真正有价值的东西。但这部分工作却非常有必要，因为通过在外围找到的信息，可以和互联网上的一些蛛丝马迹结合起来加以印证，便会有助于调查链条指向的呈现，脉络清晰以后，就是可以联系采访对象的时候了。

可能很多记者在采访官员时，起初都会有心理障碍，以前，我站到官员面前就会很紧张，后来我的领导跟我说了一句话，他说：“你不用紧张，因为你是代表新京报社的，报社是组织，而他只是个人，而且你的组织还在首都北京，所以该紧张的是他，而不是你。如果他不接受你的采访，他也不可能打你一顿，也不可能把你关起来。退一万步来讲，如果真的出现这种情况，那么恭喜你，你出名了。”好像现在好多记者想要的就是这个。其实，如果你有了从外围调查中获得的大量信息，这种情形下，譬如对于落马官员，在见到他之前，你已掌握了令他很紧张的资料。该手心冒汗的，应该是坐在你对面的人。

注重外围，攻心为上

我想谈的第一个案例可能不太知名，但它对我个人来说，却是一次真正的历练。这篇报道名为《山西临汾公选煤炭局长背后》，背景是2007年12月山西洪洞县发生了一起矿难，有105人在这起事故中遇难，是当年临汾市发生的连续三场矿难之一，当地主管煤炭的临汾市原副市长苗元礼和分管煤炭的大大小小官员全部落马。就是在这种情况下，领导给我一个什么要求呢？让我去采访“整个煤炭系统官员落马的过程”，而实际上在此之前，我一直在当地采访动态，也就是说，当地的官方是知道我的。那么这时候再让我去接触官员，让他们讲整个煤炭系统究竟发生了什么，难度可想而知，当地官员几乎对“矿难”这两个字都是闻风丧胆。而我最后的突破是：

我采访到了落马副市长苗元礼的亲侄女苗文娟，是一名在28岁时已经拥有两个煤矿的亿万富翁，也是当地的人大代表。她对我说了她的叔叔是如何勾结煤炭局的官员赚取每年几百万元的“煤炭安全改造补贴”回扣，然后还经过他人向煤炭局下属企业进行所谓的索贿。同时，我也采访到了煤炭局仅剩下的一位临近退休的副局长，这位副局长给我讲了整个煤炭局局长们之间的经济纠葛，以及他们跟市长之间如何先后落马的逻辑链条，同时也验证了之前的那位女煤老板跟我所说的一些细节。我是怎么做到这一点的呢？

在矿难调查的第十天，我绞尽脑汁写了一篇稿子，发给报社，领导看完以后，就回了两个字“重写”，我问为什么？领导说没有采访到核心的官方信源。当时我就崩溃了，一般一篇深度调查报道的生产周期是一周，这已经是调查的第十天了，这个时候，领导说采访不合格，对于我来说，是一个非常沉重的打击，当天晚上，我一夜没睡。

第二天，我在想怎么解决这件事。最后我通过当地的一位同行，要来了苗元礼侄女的联系方式。这位同行说：“如果你能把苗文娟搞定，这次报道，你就成功了60%。”但在此之前，也有很多记者找过她。但都是吃了闭门羹，她虽不是官员，但她和官员有着相同的特点，就是非常难采访，那就看你用什么样的办法来撬动她的嘴了。

在我给苗文娟打通电话时，她问我是哪位，我说我是苗市长的“朋友的朋友”，没想到我跟苗文娟这么一讲，她就非常地感兴趣。她说“那你是我叔叔那个朋友？”我一听，立马接过话头，“电话里我不方便跟你讲，那个朋友让我们见个面，见面之后我可以告诉你，因为现在是特殊情况。”

后来在宾馆里，我们面对面坐下之后，她第一时间就问我：“那个朋友是谁？”我说：“他对于你叔叔来说很重要，但目前我没法把他的名字告诉你。但实际上，我能告诉你的是我千里迢迢从北京过来是为了推动这个事情。如果你信任我，你能给我讲出一些事情来吗？”我这么一说，苗文娟还是非常警惕。于是我又用了第二步的攻心策略，就是利用她在她叔叔"双规"期间的信息不对称。我说："我从其他渠道了解到一些信息，目前煤炭局的三位局长，把所有的事情都推到了你叔叔身上。另外，他们也说到了你叔叔跟你的煤矿之间也存在股权联系。现在组织上正考虑对他们进行调查。"这几句话，基本上把苗文娟的心理防线击垮了。她很紧张，她内心中觉得，首先我也许可以成为她的"枪"；其次她觉得我了解关于煤炭系统官员落马的整个利益格局。她也希望从我这里知道一些消息；再次，她被我"炸"中了，她跟她的叔叔之间是有利益勾结的。

在这种情况下，她便开口了，她说我叔叔其实也没有什么大事，问题只在于苗元礼跟煤炭局三位副局长之间一直通过煤炭局做批文（关于国有煤矿的技术改造进行批示），每年有几百万元的费用，这是其一；其二，苗元礼通过关系，向煤炭局下属一家企业借了三百万元，这三百万元一直就没还。苗文娟认为，就是这些事情才导致了她叔叔被抓并落马。在此之后，我又"突破"了煤炭局临近退休的老局长，通过他，对这些细节也进行了印证。

A28 新京报 核心报道 2008年1月18日 星期五

临汾公选煤炭局长：一个烫手的职位

当地14年9换局长，此前正副两名局长和一名副市长被查处；纪检部门消息称，三人落马均和煤矿有关

14年换任9名局长

150万借款牵出污案

副市长升迁前被调查

"成也改革，败也改革"

在这篇报道见报之后，苗文娟给我打电话，说你们报纸报道以后，家里的七大姑八大姨都在骂她，“你怎么能去见记者，跟记者说出你叔叔做的这些事呢？”我告诉她说：“给你造成这些麻烦，很对不起，但这些都是基于我们当时的谈话，而且也都有录音。”

可以说，在调查过程中，我们时常会使用一些“小伎俩”，但一定要记得掌握尺度，一定要留下采访证据，我刚才的这段采访经历，并不是“骗访”。因为我没有给她任何承诺也不涉及任何利益。

如果能做到，你就很牛

第二个案例是“安徽阜阳白宫书记”，就是把政府大楼建得跟美国白宫一样，同时把举报人搞死的阜阳原市委书记张治安。这一次，我用了更长的时间，21天。在采访到张治安之前，在第21天时，我跟领导说可以完工了，领导说：“还不行，你要采访到张治安。”采访到张治安？我当时就跟领导说：“如果张治安接受这种采访，那一定是个很二的行为。”领导说：“如果你能做到，你就很牛。”但最终的事实是，我的确完成了这一看上去不可能完成的任务。

阜阳“白宫”

在我采访他的前一天晚上，他派他的一个姓张的秘书来试探我掌握了哪些材料，要找我喝酒，一人一瓶差不多一斤装的白酒。其实我是喝不了那么多酒，当我拿起酒瓶时，我跟他讲："张主任，2012年一年，你的压力一定特别巨大。"他说："你为什么这么说呢？"我说："因为2012年一年，媒体都在爆料阜阳的'白宫'，但张书记一直都没有出来接受采访，那么所有的问题和压力，都压在你这位政府办公室主任身上，所以我觉得你的压力一定很大。"说完这话，他热泪盈眶："我敬你一杯酒。按照我们阜阳的规矩，一瓶白酒我们三口喝掉行吗？"我说："我老家那个地方的规矩是两口喝掉。"

我为什么要提出这样一个更不要命的倡议呢？因为这就像踢足球一样，你如果按照别人的节奏，那你必然得输，如果这瓶酒必须得喝，我宁愿两口喝完。因为按两口喝，我有准备，而按三口喝，则他有准备。所以我拿起一瓶酒，两口就给喝完了，而他喝完就出去吐了。回来以后拍着胸脯说："我肯定安排张书记接受你的采访。"然后我就采访到了张治安。

A18 新京报
核心报道(一)
2008年6月23日 星期一

▶4月30日，安徽阜阳颍泉区政府办公楼外景。
本报记者 王申 摄

阜阳"白宫"举报人看守所自缢前后

曾举报颍泉区委书记张治安违规兴建工程；6月5日，张治安被省纪检部门带走配合调查

欲擒故纵　暗渡陈仓

在采访过程中，在面对每一个官员时，或者在获得重要的材料时，一定要压抑住你的兴奋，一定要让对方觉得你特别的不感兴趣。让他以为你觉得“这是一个特别烂的选题，即使领导让你报，你都不想报”。

第三个案例，我讲一下“山东新泰上访者被送精神病院”，这一调查报道，后来的影响是非常巨大的。因为当时中央的多位领导都做了批示。采访中，我见到了所谓“最牛的人”，也采访到了最牛的原料，最重要的是这篇稿子也顺利见报了。然而这一次报道，却险些演变成最大的悲剧。

A12　核心报道　新京报

新京报　核心报道　A13

上访者的“精神病院”

山东新泰多名上访者被政府强制收治精神病院，家人称事先均不知情，当地政府表示信访压力大

其实在采访当地的宣传部长之前，我已经在当地呆了七天，并收集了大量的资料，但在当地宾馆住宿时，我用自己的身份证只登记了一天。这是故意造成一个假象，让他们误以为我只来了一天，时间很短，我还没有拿到很多材料。所以见到这位宣传部长时，我是这么说的：“我是山东大学毕业的，所以对山东特别有感情，一直特别反对媒体对山东的负面报道。我现在正在度假，马上要结束了，领导给我发来一份材料。资料上反映的是‘新泰十几位农民上访，被强送到精神病医院’。我一看材料，觉

得这怎么可能呢？经过我一天在下面的走访，我更觉得这不可能是真的，所以就不多逗留了，我现在回北京，还有急事。”听完之后，他来了句：“那好，先把你送走吧。”我说：“不行，我们新京报有个规矩，就是不管哪一个记者接到材料，不管报与不报，我们都要了解一下事情的每一个环节是什么情况。所以为了我能早点走，您来简单谈一谈，我也好早点交差了事。”

说这些话的时候，我的双眼里充满了真诚，所以最终，宣传部的官员安排我见了当地司法局、公安局、信访局的领导，以及政法委书记和主管信访的副市长。一天时间内完成了这些采访。而我恰恰也需要这样的一个环节。所以完成以后，我非常兴奋，深知这篇稿子刊发以后，一定是引爆舆论的重磅新闻。

后来，当地官员反应过来之后，就专门赶到报社，给我送了很多大信封，说一定要让我收下六条软中华烟，我说：“如果这样，以后就会有人说我在这篇报道之后，收了你们的东西。”他说“这烟如果不收的话，我们肯定不走”。我说：“行，你这烟放下吧。”放下烟后，我马上跟领导汇报，把烟交到了报社。2008年12月8日，《新京报》发表了这篇稿件，同时把烟寄给了当地政府。

其实调查记者的使命，就是不断地历尽千辛万苦，拿到你想要的料，并全力保护它，并让它顺利见报。所谓“突破”，我觉得贵在坚持，还有足够的智慧。

文字整理：赵勇力

（发言者系新京报原调查记者，现任新京报新媒体营销部总监）

只要你找到了合适的方式和方法，接下来成功地突破，并采访到真相，其实并不是太难的事情。

在黑暗中行走

崔木杨

在当下，好像每位媒体人都有一个困惑，在微博等新媒体的冲击下，做记者的还有没有出路？有人说记者这种职业已经逐渐地没落，这种判断到底对不对？我认为，在新媒体的冲击下，记者不但没有“失势”，反而更具有优势。因为受众除了通过自媒体获得消息，还需要专业记者和媒体在经过调查之后将真相呈现出来。而经过新闻专业主义训练的记者，显然更具有竞争优势。这就好比人人都会做饭，但是技艺高超的厨师做出来的饭菜，相比普通人做的来说，会更好吃。

走别人不敢走的路

我要讲的第一个案例，标题是《空降兵撕碎遗书　成功救出震区最后孤岛灾民》，报道的背景是：2008年汶川地震发生后，在震区我们接到了新华社的一个电讯，说在什邡一个叫金华村的地方，通往外界的路已经被泥石流和山体塌方所阻断，里面的村民已被困了5天，并与外界失去了联系。

我们决定跟随搜救团进入该地区，当时的路况非常危险，到处是悬崖绝壁，我们总共走了17个小时才到达目的地——一个与外界失去联系的“孤岛”，但是遇到了山体滑坡，使得我们被困在里面，情况十分危急，一下子从救援者，变成了受援者。所幸的是，赶在海事卫星电话没电之前，我们发出了一条信息，而就是通过它，我们才与外界取得了联系，最终军方动用了直升机，才将被困的群众、200多名空降兵以及我们救了出去。

与我同行的还有一位同事，新京报的摄影记者陈杰，他在被营救前，手里始终攥着一张相机存储卡，当时他告诉我：“我已经想好了，要是石头把我埋了，我死前一定要攥好这张卡，并放在腰部，以后搜救队伍发现我的尸体时，一看到我的这种姿势，就知道我的手里一定有重

A16/A17
汶川大地震之记者亲历
新京报
16小时生死救援
遇险最后孤岛　空降兵撕碎“遗书”
空降兵某部在绵竹三江村接连遭遇暴雨、泥石流和山崩，生死关头等来直升机，成功救出震区最后孤岛灾民

要的东西”。

2008年的汶川地震是一场巨灾，当时前往灾区的媒体记者也非常的多，在此背景下，怎么样才能做出与众不同的报道呢？我的经验是“勤走”。所谓的“勤”，就是“走得远些远些再远些”，只要你勤奋，你就能找到别人找不到的东西。所谓的“走”，也并非一般意义的“走”，其实是“走别人不敢走的路”，在其他记者都不敢去时，我们就往里走。

另外非常关键的一点是，记者在采访时，一定要具有发散思维，记者是一个采访者，也是一个思考者，要学会质疑一切新闻事件，因为每一个谎言背后都是一条更生猛的新闻。

这里要举的例子是“中海油东海石油平台漏油事件”的报道。这篇报道的背景是：当时中海油在渤海湾的石油平台发生漏油，在整个事件的初期，由于钻井平台在海上这一特殊位置，很少有人能够到达，所以这也就使得消息源十分单一，只是当时新华社发出的一条消息，意思说中海油漏油平台已经止漏了。

这一消息距离发现漏油才仅仅三天，在看到新华社的新闻之后，我就开始琢磨，这个消息不对，因为在此之前，我翻看了很多关于墨西哥湾漏油事件的资料，资料显示，墨西哥湾漏油事件从发现到处理，甚至持续数年都不能解决，而中海油几天就解决了？

于是，我开始关注当地的一些地方报纸，终于在一张报纸上我发现了一则新闻，是一些游客在渤海湾发现了漂浮的原油，于是我当时就有一个判断：中海油包括新华社可能都在说谎。于是，我立即向报社领导请示，准备去寻找这个漏油的平台，但是问题也出现了：首先我们得找到一条船，一条能够行驶到钻井平台的船；其次还需要一套卫星定位系统，另外还要搞清楚钻井平台的坐标。我当时的领导，现任新京报副总编辑刘炳路非常支持，说这些都不是问题，只要不超过10万元，你就去做吧。于是，我们先解决了船的问题，然后又通过线人，拿到了中海油漏油平台的具体坐标。很幸运的是，在经过6个小时的海上航行之后，我们找到了出事的平台。

此时，真相也就随之浮出水面了，它所谓的问题已经得到控制，并不是真的。当时我们所看到的清理油污的船像舰队一样排列着，可以说目之所及全都是正在作业的清污船。与我同行的船老板以为我们是负责清污的巡视员，向我们详细讲述了他所了解的关于漏油事件的一些细节。

要想做出一篇与众不同的报道，如果说前一个案例是“走别人不敢走的路”，那这个案例就是告诉我们，还要“到别人到不了的地方”。

善于观察和思考

在重大事件中，新闻当事人不愿意说话怎么办？还是通过两个例子来分析，第一个是一篇人物报道《农民陈凯旋在给总理带路之后》。这篇报道之前，我看到了新华社的一组消息，讲述的是时任国务院总理温家宝在湖南视察时，一位农民突然出现了，给总理带路，想让总理看一看，他家前段时间莫名其妙出现的大坑。

看完这则消息，我就在思考，一般总理在各地视察时，警备工作都很森严，而且视察路线通常都是事先安排好的，而这种“突发”情况非常罕见。于是，我就向新华社的同行打听，原来这位农民的确是自己从人群中钻出来的。了解完这些，我决定去湖南当地找到这位为总理带路的农民。

到了当地，得知这位农民在给总理带路之后，基本上各级领导都曾找他谈过话，而谈完话之后，这个人就“失踪”了。我到他家之后，他的家人也告诉我他不在。此时了解陈凯旋的个人特点，找到突破口就变得尤为重要。我便仔细观察，通过一个细节，发现陈凯旋其实是一个非常直率而且爱面子的人。据说这次的“为总理带路”，其实源于很多村民夸他口才好，“怂恿”他作为代表，借此机会向总理反映一下“大坑”的情况，于是便出现了新闻报道中的一幕。

A20 核心报道(一)

新京报 2010年7月15日 星期四

7月1日，湖南宁乡农民陈凯旋坐在温家宝总理身边，带路去看当地的塌陷。 新华社资料图片

□本报记者 崔木杨 湖南报道

农民陈凯旋给总理带路之后

湖南一农民向温家宝反映塌陷灾害，事后担心被地方“报复”曾“出逃”，当地政府称是一场误会

通过询问，我感觉他一定就藏在家里，但是他不想见我。于是，我便到村里各家去打听他的去向，一圈走下来，当又回到他家的时候，他终于出现了。原因是他觉得我跟其他记者不一样，是真的担心他。于是，他告诉了我一些真相。

其实，这件事情很富有戏剧性，在带路之后，他以为自己成为了一个“人物”，老百姓们都觉得他能为总理带路，很了不起，但没想到，接下来各级领导都来找他谈话，而所有谈话其实都是在训斥他。他之前开了一个小菜店，这件事情之后，卫生、防疫、工商都来到他的店里，意思是你给当地惹了很大的麻烦。了解完这些情况，我撰写了这篇人物报道，刊发之后也引起了相关领导的重视，当地市长还专程到他家给他道歉。据说，后来他还到了镇里工作，甚至有些人还会找他来伸冤。

另外一个例子是“甘肃正宁县校车事件”这组报道。我在当地采访时，出事幼儿园的园长已经被刑拘了，幼儿园也被查封了，在这种情况下，我相信大多数人更想知道：幼儿园与校车司机之间责任关系，以及他们都做了什么。很多赶到当地的记者想找到这些真相，但大家都一筹莫展。我在幼儿园附近也转了很久，发现幼儿园里是有亮灯的，烟囱也是冒烟的，于是断定幼儿园里有人，只不过是外面不管怎么敲门，里面的人都不开。

于是我从后墙翻了进去，我刚进去，屋里果然就出来两个人，是一男一女，问我是干什么的，我说我是记者，男的态度还比较好，但女的情绪就比较激动，要赶我出去，并威胁我说再不走就要报警。我一听，说：“那你报吧。”然后我就坐在那儿等，过了一会儿警察就来了，我把记者证给了警察，警察看完对他们说：“这个……人家是记者，你们报什么警啊？”然后，警察就走了。但他们还是什么都不肯说，我就仔细观察，发现男的其实挺有倾诉欲的，但是只要他刚想说点什么，女的就会在旁边使眼色或者拽衣角。我心想这样不行，得把他俩分开，找这个男的突破。其实很多采访，有时就像跑马拉松，路程会很长，你也努力了很多，但是如果你永远冲不过终点，就永远不算成功。

一般西北男人都比较爱面子，于是我就把胳膊搭在他肩膀上，小声对他说："哥哥，你怎么说也是一老爷们儿，我觉得女人不应该能管得住你。"他一听这话，马上就对那个女的说："行啦，你回去吧，我自己知道该怎么办。"于是，我便很顺利地采访到了这个人，采访中知道，他是园长的弟弟。在他之后，我还找到了园长的妻子以及出事校车司机，并最终完成了这篇名为《失控的夺命校车》的特稿。

从这两个例子我们会发现，要想采访到新闻当事人，就一定要善于观察和思考，分析其中的必在联系，从而找到关键的突破口。

除了勇气，还要有智慧

接下来谈一谈"暗访"，在暗访时，应该注意什么，如何把报道做得更加深入？我要举的例子是2009年的"缅甸金三角，山西少年跨国绑架案"。

这起曾得到过当时中央七位常委批示的新闻报道，始自于我接到的一个电话，是我以前采访时结识的一位山西农民打来的，电话一接通，他就十分焦急地告诉我，他的儿子被绑架了。我当时心里就很纳闷：什么人会绑架一位农民的儿子？

接下来他告诉我，不仅他的儿子被绑架了。村里其他几家的孩子也被绑架了，于是我问他，孩子被绑到了哪里？他说绑到了缅甸。缅甸？直觉告诉我，这事儿不同寻常。接着我问他报警没有，他告诉我说当地警察都管不了。

在了解完这些信息之后，我决定到山西去一趟。在当地走访之后，我了解到，是当地的一个人在缅甸的赌场打工。把这些小孩带走时，宣称是去赚钱，但结果却是，家里钱没收到，收到的是缅甸打来的勒索电话。绑匪打电话时，还殴打孩子，因为孩子叫得越惨，家长就会越揪心，于是，有些家长甚至都想到了卖肾凑钱赎回自己的孩子。

走访完几位家长之后，我来到了运城公安局，通过向刑警队长询问得知，运城地区这样的绑架案还不止这几起，我当时反问他们为何不去解救。听到这句话，这位队长就把我叫到了里屋的办公室，一进屋，他就向我大吐苦水："崔记者，你是不知道，我们真去了，但是我们过境不能带枪，到那边以后我们发现，那边的绑匪用的都是AK-47……我们救不了啊。"此时，我内心中已经决定了，做一次暗访，要到位于缅甸迈扎央的赌场去，看看到底发生了什么。

去那儿之后，采用什么方法暗访？如何潜入对方内部，并获得对方信任呢？我想了好久，终于想到了一个办法，因为我通过缅甸迈扎央的当地人了解到，很多从中国跑出来的罪犯躲在赌场里，以此藏身来躲避打击，同时还诱使国人来此赌博。既然中国人多，那就相对好办些，我决定化装成一个同样想开赌场，想向他们学习的赌客潜入赌场。

在去赌场之前，我没有告诉任何人，包括这些孩子的家长。因为这种情形下，我的判断是不能相信任何一个人，假设家长们知道了，一旦跟绑匪提到我去了，绑匪就会觉得记者比孩子更好"敲钱"，我的处境就会变得非常危险。

我在赌场里暗访了7天，获得这家赌场内部人员的信任，并逐步了解到在这个缅甸边境的小镇究竟发生了什么。在这家赌场，有很多来自江浙、山西的中国人，他们都利用自己在家乡的人脉，诱使中国人来这里赌博，但基本上，来这里赌博的人都会被绑架，绑匪以被绑的人欠了赌债为名义，向其家乡的亲属要钱。

通过调查，我发现要钱或者对人质的惩罚方式通常有四种：第一种，就是把电话给人质，在人质给家人打电话时，不停地殴打人质，人质叫得越惨，他们就认为成功的几率越高。第二种，绑匪会把人质都集中关在一个房间里，然后每天只给他们一个馒头，让人质们互相争斗，谁最终打赢了所有人，这个馒头就归谁。第三种，"熊牢"。什么是"熊牢"？就是一个笼子里，一边关着的是饥饿的熊，一边关着的是人质，如果人贴着笼子，通常情况下，熊是咬不到的，但是一旦人质打盹或者稍有疏忽，就有可能被熊咬死。而相比之下，第四种是最为残忍的，"蚂蟥井"，就是将人质放进里面有很多蚂蟥的井里，等蚂蟥咬完人质之后，再将人质提上来。

掌握了这些事实真相之后，我返回了中国，回到当地公安局，当地公安局长问我："这些情况我们都清楚了，但是崔记者，这些事你能反映到谁那儿？这个官员的级别会有多高？"我便问他："你觉得这个官员的级别应该有多高？"局长想了半天，告诉我："怎么也得是我们省委书记。"局长告诉我，他们也营救过几次人质，但是，由于不能越境执法和各种限制，始终未能将这些犯罪团伙彻底打掉。我心里很清楚，这是一个极为严重的事件，我告诉他："省委书记肯定级别不够，肯定得比他高。"

新京报 2009年1月19日 星期一 A13 核心报道(一)

山西十余少年连遭跨国绑架

以高薪用工为名将少年骗至缅甸迈扎央，向其家人勒索4万到8万不等的赎金，警方因管辖权问题难打击

▲迈扎央的赌场内，已无昔日的繁荣景象。本报记者 崔木杨 摄

▼为勒索赎金，"放水公司"有时会将人质放进熊牢进行恐吓。

对于山西运城的农民来说，"失踪"这个词，原本只存在于电影里。

但2008年8月之后，这个词走进了他们的生活。

不断发生的失踪案

被改变的生活

来自异国的勒索电话

被熟人诱骗

异国绑架勒索流程图

□本报记者 崔木杨 山西、缅甸报道

综合这些资料，我很快就撰写了两篇报道，先后刊登在了《新京报》上。第一篇报道刊发的当天上午，那位公安局长就给我来电话了，当时我以为我的报道为他带来了麻烦，有些担心他是不是打电话来抱怨，但电话接通的第一句是："崔记者，总书记知道这件事了。"

说实话，我一时没反应过来，"谁？""总书记！""你说的总书记是胡锦涛吗？"因为我当时还不大相信，但他很肯定地说是，而且总书记已经批示了，批示已经到了当地的公安局。于是，我马上向报社汇报了情况，报社通过中宣部也确认了这一消息：胡锦涛同志作出批示，要求严厉打击这种境外犯罪。接下来，从公安部到外交部，包括边防局等有关部门立刻行动，最终成功营救人质200多人，致使迈扎央当地80多家赌场被取缔。

通过这个案例，我们会知道，在暗访中，记者一定要"胆大心细"，除了有足够的勇气，还要注意千万不要出现任何破绽。我在去缅甸之前，就将个人身份证等相关证件，以及电话等移动设备都藏了起来，因为一旦被绑匪发现，后果是不堪设想的。

记者要变成程序员

如何在"突发事件"中完成专业的调查报道？接下来，我结合"伊春空难"这一报道进行分析，这一事件也是近十年来最为惨烈的空难事件。

类似于这种突发事件，记者要变成一个程序员，按钮一旦触发，你就要有自己的判断。也就是说，各个媒体在突发事件的一开始，拼的是：谁的报道更有规划性，谁的头脑更加清晰，谁对现场的判断更加准确。否则，即便你第一时间赶到了事发现场，你也可能无法获得任何有价值的信息。

这组报道，我清楚记得，当时空难发生在晚上10点左右，而我当时正在哈尔滨老家休假，距离伊春有六七百公里。得到这个消息，我当时就决定结束休假，10点30分我包了一辆车往伊春赶。在途中，我列出了拟采访对象：飞行员、乘客、塔台工作人员、救护人员、家属，以及目击者。

我到达伊春时，已经是早上7点半左右，而我第一站选择的不是事发现场，而是直奔塔台，因为我一路上也在不停地看消息。在网上，我看到国务院工作组已经到达伊春，我估计想当地警方已经封锁事发现场，而工作组一定会去塔台了解事发当时的情况，那里也许会有一些有价值的信息。

当我到达塔台时，只有两三个人在值班，于是我先向他们说明了来意，我说我是《新京报》的记者，（接下来的对话很关键）我说这次的事故，我想一定跟你们有很大的关系。他们一听，马上向我解释了他们在事发前后是如何指挥的，包括地勤人员，非常详细地向我们介绍了事发时的情况。

从塔台出来之后，我想接下来应该去找负责处理事故的当地警察了解一些情况，到了公安局，一位负责接待媒体的警察，让我先坐会儿，要等领导来。过了大概十分钟，我问他领导什么时候来？他说领导在开会。我心想：不靠谱，一开会就指不定什么时候了。他让我继续等而我没有等，只在这里浪费了十分钟。从公安局出来，我去了消防队，因为一般这类事故现场，除了公安人员还一定会有消防队员。到了消防队，消防战士就向我们讲述了救援过程，这是因为他们跟警察的心态是完全不一样的，相比之下，他们更愿意向媒体介绍他们的工作过程。

采访完消防队员，按照我的既定计划，我要采访的是乘客，因为这次空难与以往空难最大的不同就是：有幸存者。这也就意味着，我们能还原飞机失事前后发生了什么。于是，我决定去医院采访事故中的幸存者。但是到了医院，我发现医院也已经被封锁了，而医生给出的拒绝理由是“此时媒体不便于对幸存者进行采访”。

我们也经常在新闻伦理中会讨论：这种时刻，该不该对幸存者进行采访？对此，我的看法是，想要接受采访的，我就去采访，不想接受的，我就不采访。

面对这种情况，很多媒体记者，有装家属的，有穿白大褂装医生的，但无一例外被医院请了出去。我该怎么去突破呢？

凭借我多年的采访经验，我决定先去找医院的一把手，我向他说明了来意。这位院长告诉我，按照上级要求，现在伤者啥都不能说。我当即表示这个没问题，我只是想了解一下医生们是怎么参与救援的，进行一下报道。他听完后想了想，觉得这个可以有，于是找来了分管急救的副院长。当副院长从院长处得知我的来意后，就非常热情，他说我给你找一个具体负责的科室主任吧，这位科室主任因为亲自参与了救援，因此介绍得特别详细。他介绍完之后，我要求向参与救援的护士了解一下当时的情况，他说："没问题，我给你去找护士长。"到我见到护士长时，其实我就已经进到病房了，还是他们把我领进去的。

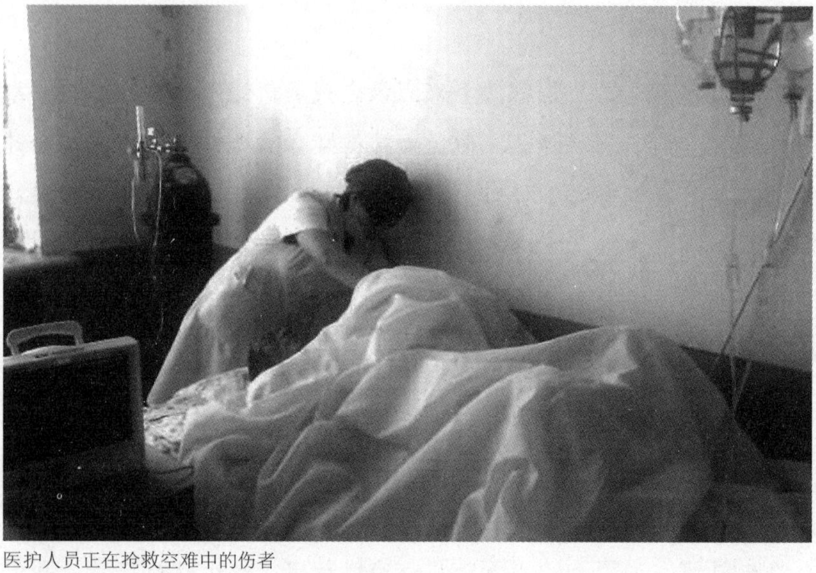
医护人员正在抢救空难中的伤者

病房里，在跟护士聊完之后，我跟她说："我想跟病房里能说话、也愿意说话的伤者聊一聊可以吗？"护士当时表示可以，于是这样，我就见到了三位幸存者，并通过他们的视角，还原了飞机头、飞机中部和飞机尾部在事发前后的情况。

所有的案例，其实都在告诉我们，只要你找到了合适的方式和方法，接下来成功地突破，并采访到真相，其实并不是太难的事情。

值得一提的是，在这次伊春空难的采访中，北京某家都市报的一位女记者，由于当时没有记者证，被当地的警方控制起来。令我感动的

新京报

VD8387 的生死7分钟

21点31分客机出现在伊春机场上空，21点38分塔台呼叫机组没有反应

21:38 坠落 有人喊先救孩子

21:41 搜索 市长专用车参与

22:00 救援 消防员含泪营救

22:20 救治：医生赶路300公里支援

25日 寻亲：靠手表认出哥哥遗体

三星 数码相机

是，几十家媒体虽然是竞争关系，但很多媒体去伊春市委声援这位记者，最终迫使当地的公安局长道歉。这也告诉我们，当记者们遇到这种情况时，虽然彼此是竞争关系，但更要联合起来捍卫记者这一职业的尊严和权利。

文字整理：赵勇力

（发言者系新京报社会新闻部副主编）

理论前沿

THEORY FRONT

理论前沿

师曾志　失控：在信息自由与信息控制之间
——新媒介赋权下的中国互联网
治理合法性研究

互联网带来中国社会的深刻变革，新媒介赋权下带来传播与权力关系的改变，公共空间与私人空间本质上是权力的划分，在此基础上，重新认识人在互联网上的主体性，人主体地位的加强，大众社会向异质共同体发展，这为新媒介赋权下的互联网治理提供了合法性的基础。

失控：在信息自由与信息控制之间

——新媒介赋权下的中国互联网治理合法性研究

师曾志

互联网与中国社会转型密切相关，是社会各种症候的重要表征。媒介社会化，社会媒介化已成为时代的主题。芝加哥学派提出公共传播的思想，认为传播是人类关系的本质，传播在信息传递和交流中，创造与维系着社会的发展。历史长河中，人类文明是在断裂、崩溃中延绵持久。传播技术手段的改变，跨越时空人类传播活动得以实现，人类日常生活在跨越时空中得以呈现，日常生活中的观念、行为、语言等文化特征，也在跨越时空中产生新的意义。这就意味着全球互联网在跨越国家、民族、种族、阶级、阶层、性别中发展，这意味着互联网治理的合法性基础有很大的改变。本文试图对中国互联网发展的合法性基础进行探讨，为互联网治理公共政策的制定提供依据。

中国互联网从发展之时就承载着原有的社会结构与社会关系，新的社会意义和社会关系是在跨越时空中建构的，并影响到传统社会结构的断裂与重建。其中，新媒介赋权下国家与个人权力的博弈，信息生产、再生产与传播机制的改变，造成中国社会结构、制度等都处于合法性不确定之中。互联网传播中信息自由与信息控制之间的矛盾紧张关系是这种不确定性的表现之一，既是某种意义的不确定下的信息失控，也在信息失控中孕育着一种特殊张力，它可能成为推动中国社会变革不可无视的重要力量。

新媒介赋权下的传播与权力

新媒介赋权指的是媒介成为权力实现的重要源泉与力量。它通过个体、群体、组织等获取信息、表达思想从而为其采取行动、带来改变提供了可能。新媒介赋权中强调多样化主体传播与权力的博弈，对具体主体而言，可能是增权，也可能是减权。互联网时代应重新认知权力的含义，正如汉娜·阿伦特曾指出，“权力不能像武器一样贮存起来以应付紧急状况，它只存在于其实现中。在权力没有得以实现的地方，它也就不存在。”福柯也认为，“权力只有通过社会关系的角度看才有意义，因为权力建构于社会关系网络之中。”

以新媒介赋权的视野分析中国社会的变迁，更多的是将传播与权力之间的关系植根于人们的日常生活实践中，从中对人类行为、价值、制度以及结构等方面进行考察，其研究重视的是传播与权力博弈的过程、阶段、演化等。在此基础上，媒介生态多样性也突破了原有媒体管制思想和方式。传统主流媒体随着社会转型自身内部也在进行着分化，政府、市场、社会、公民个人主导的媒体的差异性日益明显。从媒介生态中差异化的表征观察传播与权力之间的关系，是研究中国传媒政策研究的前提和出发点。

互联网正迅速解构与建构着中国社会生活网络的主要框架，成为社会生活领域中最重要的权力来源。多样化的传播主体之间在跨越时空中所形成的复杂关系，对权力宰制中心分化、转移，传播已成为权力的主要来源，个体间兴趣、动机等差异性也影响到权力的博弈和统治，传播在一种不稳定、不确定的过程中，导致权力与权利的不稳定性，这对习惯于统一、秩序化的权力管理方式提出挑战。

传播与权力的关系一直是传播学最为隐蔽而又最具张力的研究内容。新媒介赋权下，权力统治的来源多样，除统治阶级外，也可能是一种制度、观念、意象等。这样我们便回到了问题的本质，设问的不仅仅是社会结构、制度等宏大叙事，而是沿着利奥塔尔的思考，追问谁决定知识，谁决定知识是什么，谁决定知识传播以及它们所根植的具体时空语境等。

媒体叙事作为传媒与社会关系研究的分析工具，为传媒理论提供了研究框架，为我们回答以上问题提供了视角。如果说，历史上的媒体叙事还具有相对的时间上的延展，互联网技术的发展，网站、BBS、论坛、博客、微博、微信等媒介生态却是在短短几年内在空间上展开的。

随着媒介形态的不断变迁与发展，媒体叙事在社会政治、经济、文化中不断建构起来。自由主义的媒体叙事，强调媒体从国家宰制中获得自由，同时也赋权于民，促进民主化的进程；民粹主义的媒体叙事强调商业化媒体迎合人们的感官、情感等求新求变的心理所带来的普遍的消费文化的媒体景观；民族主义的媒体叙事在构建国家民族想象共同体的身份认同上发挥了很大的作用；自由意志论的媒体叙事则是从神本位到人本位的理性发展在媒体上的反映，人在获得自由解放后又陷入到了现代性的困境之中；精英文化与大众文化的分野、由阶级向阶层的转变、性别宰制与冲突等媒体叙事，无不再现着传播与权力之间的关系。互联网提供了看似信息传播、表达和行动的自由，实则在媒体叙事中却彰显出自由的表象与控制的实质。

公共空间与私人空间

网络公共空间中的讨论与争论，多少逃避不了自由选择的悲剧色彩。统一的、普遍的价值观念很难替代不确定的、差异化的价值观念。人性中的虚伪与脆弱，傲慢与疯狂，缺乏倾听与反省、批判与建设的思想，在对话与交流中很难超越时代、情感、个人的主体意识。协商对话民主政治似乎只是一种幻觉，哈贝马斯主张以沟通理性替代工具理性可能也是一种乌托邦的想象。互联网传播主体、渠道、速度、范围在时空上的改变所带来的私域与公域边界的不确定性，为我们提供了另外一种研究视角。

公域与私域边界的划分，本质上是一种权力的划分。公共传播中知识的生产、传播、再生产与权力之间存在紧密关系。公共传播中主体的多元异质性，需要表达主体对差异、异见的包容、接受、超越以及不断的自我教育，才能实现思想言论自由市场中真正具有自我修正能力的判断。

过往传播技术的不发达，导致传播中的权力极易被少数人控制。现代传播技术的革命，传播技术的普及以及成为人们的日常生活方式后，传播权力的去中心化，是由大众群体的分化所致，观念、形象所生产的幻象来源日益复杂，影响到由观念构成的形象、幻象的统治。公众及个体内化的差异化的观念、经验等日益成为总体社会观念和价值观的构成部分。

复杂性思维视野下，互联网则更多地凸显人类的价值理性，它强调的是主体间性，观念共同体，甚至是意义共同体。这意味着我们应对个体人格从私域向公域身份转变中发生了怎样的改变加以注意。

人类在自我满足与自我满足否定中前行，构成了人类文明史发展的特征之一。理性与非理性冲突性、差异化价值判断是一种自我展示，本质上希望获得一种尊重。然而，人们对超出自身经验范畴事务很难转化为一种自我进取和成长的力量，人们自觉不自觉迷恋着自己过往的经验、判断，即使在人与人交往中，在舆论意象的表达中，本质上与外在不断变换的人事沧桑一样，难以对人的内心、观念、行动等产生影响，反而会掺杂过多焦虑的自我。以往生活工作的习俗也在不知不觉中被否定，但新的却是以自我迷恋的方式建立起来自我的世界和法则。这种自我世界的法则会产生一种闭合效应：表面上是自由的，深层的却是把统治控制镶嵌在人们的心里。这里的控制已不再是专制的、暴力的、显现的，而是一种看不见的人自身加诸自身的微妙控制。

人们以这样个体的、不稳定的、自我迷恋的人格建立起来的交往关系在跨越空间中的延展，难以超越自我迷恋去理解和使用自己在公共空间中的权力。桑内特指出，“迷恋亲密事务是一个不文明社会的标志”，何为文明生活方式，桑内特给出的答案是，“在这种生活方式中，人们能够轻松自如地应付一种体验的差异性，并且实际上还从这种差异性中吸取养分。”

互联网公共空间中私域与公域中人格与非人格的复杂性和不稳定性，影响着公共空间的对话、讨论、争论甚至妥协。它是一种普遍的抵抗与排斥，还是在延展自身的能力，重新认识差异性的认知和行动，还是在自恋中寻找满足而最终丧失了满足的，它们都处于发展之中，这成为中国互联网治理合法性研究中必须重视的问题。

大众社会与异质共同体

互联网时代人们获取信息以及表达、行动的相对独立性、自主性，让我们重新反思工业时代的所谓的“单向度的人”：人是否丧失了革命性而没有了自身的判断力和批判力？早期传播学将“大众”主要集中在传播效果的研究上，“大众”更多的只是一个集合名词，有着轻大众的倾向，将个体的差异性以及行动能力隐含在大众以及大众社会的总体判断上。网民与传统大众有了很大的区别。互联网凸显出个体的异质性，结合中国社会转型，网民意见表达，因问题而聚集，形成的是多个去中心、去组织化的异质共同体，网民成为传播主体成为可能。

网民主体性得到加强，它影响到传播机制的改变，不仅成为议程设置的主体，也加剧了媒体生态的变化。新媒介赋权增强了个体的自我反思、自我批判、自我教育的能力，更重要的是赋予人行动的能力，这种行动重要的是在偶然的、不确定的、差异化的思想、观念、规则等挑战下的话语倾听、表达、理解、判断的能力，这种能力在对话、协商甚至是妥协中深入到社会的各个层面，尤其是言论表达突破了体制的束缚，正义的实践和交流互动是网络共同体讨论问题的源头活水。

网民在共享利益的同时，也在分享意义。从经验出发再到体验感悟，大众社会集体自我向个体自我转变。网民主体性的加强与网民多样化的公民身份有关，它与全球化的今天，每个参与者的过去、现在以及未来有关，也与其所处的社会权力结构有关。信息共时性以及分散的协同性，多元化身份认同的信息基础带来近代以来所建构起来的单一国家、民族、阶级等公民身份的改变。公民身份已不仅仅是权利的集合，也成为文化心理认同与归属的符号，更重视的是主体关系之间权力实现的实践。

新媒介赋权下互联网治理的合法性思考

现代社会需要促进和支持某种意义上的人们文化心理上的归属感。如果大多数人不能感到某种归属感或不能相互认同的话，就会产生在动机和合法性层次上的一种系统性的危机。

互联网治理合法性的研究需要反思共识，共识是我们寻求的答案，还是问题，这已经成为了问题本身。互联网“交流的透明性”对中国社会发展带来的积极的变革是巨大的，但同时，它所造成的社会失范、失序也是不容回避的事实。我们是否需要寻找一种共识、规制达成新的治理和规范，还是以一种新的思路、观念理解互联网治理。

长久的现代国家以及资本市场的统治，话语更多体现的是国家权力和市场资本，政治意识形态和市场逻辑不知不觉中已成为话语合法性的基础。新媒介赋权下的互联网异质性共同体，从根本上为知识提供了另外一种合法性的基础，它依靠的不仅仅是现实的权力和资本，语言知识本身在与权力与资本的斗争中具有了统治与支配的性质，成为合法性的重要来源。

互联网治理合法性已超出了近现代民族国家发展逐步形成的社会制度、结构、关系等的安排，它在于自身的反思与更新，有自我解构与重构的特性、行动与能力。合法性的基础是思辨的，是对伦理实践以及追求社会公正、正义为目标的。

新媒介赋权下互联网上所呈现的公民话语与既往的基于现代民主国家的话语模式有很大的不同。新媒体使得公民话语的生产与传播成为可能，它变化的是，叙事主体的多样性、异质性，观点在讨论、协商、辩论中不断角力较量，妥协可能是达成共识是一种方式，但更多的却是不可调和的分歧，出现所谓的“交流的无奈”。正是在这复杂的多样性的可能性中公民话语获得了自身的合法性。

公民话语成为互联网治理合法性的重要来源。不同于政治意识形态与市场逻辑的是，叙事的基础发生改变，宏大叙事向小叙事转变。国家政治和市场资本的话语地位依然强大，但以人的存在、多元价值、生命体验与意义，也成为话语中重要组成部分，并最终影响着前者。

公民话语赋权中存在悖论，它造成话语在交锋中的增权或减权。公民话语的增权或减权不是由既有的身份决定的，而是话语斗争所形成的新的话语权力决定的，并影响着公民新的身份的产生。

互联网治理的合法性很难在过往的治理方式中找到，尽管互联网中存在很多问题，但问题本身已不仅仅是问题，更多的是一种未知。互联网中不确定的合法性，存在于整个社会、共同体的挑战、质疑、认同等实践当中，这在利奥塔尔看来，合法性存在于“在追求正义观念与正义实践中。”

互联网治理具有很强的实践性，“在追求正义观念与正义实践中”，互联网治理方式深根于具体的语境与行动中，任何简单化的规制、共识都可能由治理产生新的问题与危机。互联网治理合法性的困境主要挑战的是人们的思维方式，线性、均衡的思维方式转变为复杂化的尊重差异性的思维方式，当前中国社会发展中矛盾、冲突急剧加大，有学者甚至提出中国社会断裂、溃败等概念，但从互联网治理的合法性上看，它们也可看作是互联网社会中的失序、失范、失控等，也可能成为社会发展的另外一种空间、动力、资源等。我们需要对规则、契约等重新审视与认识，在批判性与经验性之间，理解复杂系统的自洽性以及误构中实践的正义性和创新性，这需要创新能力、智慧，而不仅仅是批判。

（作者系北京大学新闻与传播学院教授）

史事钩沉

ARCHIVE

史事钩沉

"铁肩担道义，辣手著文章"的邵飘萍与其创办的《京报》，以"探求事实不欺阅者"为第一信条，影响深远，在中国报业发展史上，也写下了颇为浓重的一笔。

邵飘萍与《京报》：新闻专业主义视角下的审视

林溪声

邵飘萍（1886—1926），浙江东阳人，原名镜清，后改为振青，笔名阿平、飘萍等。1911年参与创办《汉民日报》，开始职业新闻人生涯。1916年，担任上海《申报》驻京特派记者，同年创办北京新闻编译社。1918年创办大型独立报纸《京报》。1926年被军阀杀害。邵飘萍投身新闻业的年代，深受新闻专业主义理念的影响，在自由主义面临愈来愈多风险挑战的环境下，始终坚守新闻业的职业理想和基本原则，致力于“改造报业”“革新社会”的高尚事业，而《京报》无疑是其职业生涯的顶峰。正是在这一期间，邵飘萍形成了比较完整的新闻思想，成为新闻专业主义在中国最早的倡导者和实践者。

邵飘萍（1886—1926）

一、邵飘萍对《京报》的定位

北洋政府时期，许多报人把办报作为投机的工具，报纸言论退化，所谓的大报也陷入依附政治势力或利益团体的境地。邵飘萍深切地感受到必须有一份自办的报纸，摆脱一切来自政治或其他利益集团的干涉，来表达自己对时局和公共问题的看法。于是，他不等《申报》特派记者的聘任期满便辞去职务，于1918年10月在北京创办了独立报纸《京报》。

邵飘萍在《京报》创刊词中，阐明了《京报》的使命：“时局纷乱极点，乃国民毫无实力之故耳……必从政治教育入手。树不拔之基，乃万年大计，治本之策。……必使政府听命于正当民意之前，是即本报之所作为也!……”[注1] 从这段发刊词可见，邵飘萍所追求的是通过办报建设一个社会公共机关，“使政府听命于正当民意之前”，这与西方强调的报业第一特质“公共性”非常接近。

注1：《本报因何而出世乎》，1918年10月5日《京报》。

维护报纸的独立地位，是新闻专业主义实践的前提条件。《京报》的创办经费来源于邵飘萍这些年从事报业的积蓄，还有一些志同道合的友人的微薄资助，所以条件非常简陋，报馆最初就设在邵飘萍前门三眼井的家中，邵飘萍和潘公弼两人承担着《京报》和新闻编译社的全部工作。因不依靠政党津贴，无党无派，因此《京报》的言论非常独立，对国内外各种重大问题的报道和评论，基本都是按照邵飘萍本人的意愿进行的，比如，《京报》在创刊号上就把矛头对准了当时民愤极大的安福系，专门刊登了安福系违法乱纪的新闻。

如果说新闻事业的第一特质是“社会公共机关”，那么“国民舆论之代表”，则是邵飘萍认定的新闻事业的第二特质。他认为，“报纸精神的表现，全寄之于评论，故评论的好坏，和报纸销路的多寡，其关系甚为密切”。立场鲜明、见解独到的评论，是《京报》区别于其他报纸的重要特征。而且，《京报》的评论因不浮躁、不矫情、不替当权者帮闲的立场，往往能引起很大的社会反响，在舆论界颇有声名。

“新闻纸有最普遍的指导国民之效果”，是邵飘萍对新闻事业第三特质的概括。新闻事业，不同于其他事业，新闻业的责任是“对于人类之间互相传达其意志、感情、趣味、知识与一切厉害有关之消息”，[注2] 对报纸品味的坚守反映在邵飘萍不受商业利益诱惑、办严肃报纸的决心上。《京报》初创时，附设了《小京报》。《小京报》相当于现在的晚报，主持人是徐凌霄，内容品类繁多，有诗文、小说、金石掌故、戏曲、美术等。在当时附刊几乎与“黄报”等同的情况下，《小京报》仍保持版面干净，凡是花柳猥亵一类的品评记事、淫秽小说以及不堪入目的广告、文字等统统都看不到，因此《京报》问世后格外受到知识界的青睐。

注2：邵飘萍：《新闻事业之特质》，《新闻学总论》（1924），引自《邵飘萍新闻学论集》，北京大学出版社2008年版，第104页。

在创刊《京报》之初，邵飘萍积极参与新闻教育工作，是北京大学新闻学研究会的业务课导师。他主张新闻知识应列为国民普通知识之一，中学以上的学校都应开设新闻课程，大学应设立新闻系。他呼吁，“吾人既为中国之从事新闻业者，决不能谓闻学之进步须坐待夫新闻业之进步。尤不能谓新闻业之进步，须坐待社会之进步而始进步也”，[注3] “新闻业之发达与社会之发达与否，两者处于互为因果的关系”，[注4] 这些说明邵飘萍的新闻观中除了“铁肩担道义，辣手著文章”的传统知识分子的责任意识外，更看重新闻媒介对社会与国民的教育功能。

注3：邵飘萍：《我国新闻学进步之趋势》，《东方杂志》第21卷第6号，1924年3月。

注4：邵飘萍：《我国新闻学进步之趋势》，《东方杂志》第21卷第6号，1924年3月。

二、复刊《京报》：新闻专业理想的实践标本

五四运动前后，邵飘萍和《京报》站在爱国的立场上，对当时执掌北洋政府的安福系进行了猛烈抨击，彻底得罪了安福系。1919年8月，安福系借口《京报》侮辱政府，派军警包围了京报社，潘公弼遭拘禁，邵飘萍出走日本，《京报》第一次被封。1920年下半年，安福系因在直

皖战争中的失败而倒掉，邵飘萍与朝日新闻社提前解约回国，并于9月17日复活《京报》。

尽管此前《京报》在立场上趋向进步，在五四运动中的报道也相当抢眼，但平心而论，它还是"一位新闻职业青年所办，对新闻技术不讲究，也谈不上有什么见解"。[注5] 复刊后，邵飘萍着力增加报道力量，有计划地扩大《京报》的规模，由原来的对开四版一大张，扩为对开四版两大张；遇有重大事件，另外发行特刊和号外；进一步加大新闻的比重，发展副刊。

注5：孙伏园：《回忆五四当年》，《人民文学》，1954年5月号。

邵飘萍反对当时新闻界流行的"有闻必录"的做法，认为"有闻必录"究其根源，是"无责任心的表示，乃最易于流于不道德之'专制的'的恶习"。[注6] 一张报纸"仅报告杀人强盗案等事实"或"揭发人之阴暗者""有害社会风俗者"只能降低新闻价值和报纸的信誉，记者要到第一线去"探究事实"，运用自己储备的知识和经验去判断新闻的价值。他提出，"最佳之新闻，既为予最大多数人以最大兴趣者"，[注7] 可以根据这一点去测量新闻的价值，判断孰重孰次之。

注6：邵飘萍：《外交记者之地位》，《实际应用新闻学》（京报馆1923年版），引自《邵飘萍新闻学论集》，北京大学出版社2008年版，第16页。

注7：邵飘萍：《外交记者之资格与准备》，《实际应用新闻学》（京报馆1923年版），引自《邵飘萍新闻学论集》，北京大学出版社2008年版，第19页。

针对当时北京报界拿政府和党派"津贴"的流弊，邵飘萍提出，记者的第一要素为品性。记者的品性要完全独立，要具备侠义、勇敢、忍耐等品格，"主持公道，不怕牺牲"，"不为社会恶风之熏染，不为虚荣利禄所羁勒，是为养成外交记者资格之先决问题"。[注8]

注8：邵飘萍：《外交记者之资格与准备》，《实际应用新闻学》（京报馆1923年版），引自《邵飘萍新闻学论集》，北京大学出版社2008年版，第18页。

报纸的重要职能是"报告新闻"，而新闻必须"以真实为骨干，以兴味为血肉"，[注9] "凡事必力求实际真相，以探求事实不欺阅者为第一信条"，[注10] 只有"以事实和真理"教育读者，才能取信于读者。

注9：邵飘萍：《原稿内容之注意点》，《实际应用新闻学》（京报馆1923年版），引自《邵飘萍新闻学论集》，北京大学出版社2008年版，第83页。

注10：邵飘萍：《外交记者之地位》，《实际应用新闻学》（京报馆1923年版），引自《邵飘萍新闻学论集》，北京大学出版社2008年版，第16页。

邵飘萍将复刊后的《京报》定位于公共言论机关和报纸革新的试验园，这一思想成为他办报理念的核心。他提出，"社会各方面之思想言论，无一致之必要"，"乃欲使读者扩其眼界，勿为一方意见所囿，故必须发挥各团体思想言论之特色，以供读者之详参"。这一想法，在他对《京报》副刊的设置与革新上得到了实验。

据考证，《京报》创办副刊从1918年开始，到1926年4月《京报》第二次被迫停刊时，已经先后创办了几十种副刊，查出名目的有23种，涉及文学艺术、社会问题、经济研究与国家建设方针、社会科学、宗教、妇女儿童、劳工、华侨问题、教育、语言文字等多种领域。在《京报》众多的副刊中，最有影响的，在中国文化史及副刊史上占有重要一席地位的，当属《京报副刊》，它与《觉悟》（上海《民国日报》副刊）、《学灯》（上海《时事新报》副刊）及《晨报副镌》并称为民国“四大副刊”。

创办如此种类繁多的副刊主要靠的是社会力量。如《科学与宗教》由北京新基督教大同盟主办，《西北周刊》由西北边防督办公署主办，《北大经济半月刊》《社会科学半月刊》《妇女周刊》《文学周刊》等则依托青年进步团体，等等。一些知名人士，如鲁迅、孙伏园等人的加盟也使《京报》的副刊实力大增。这种副刊的多样化和借重社会力量办报的做法，使《京报》成为新闻、杂志相结合的“北方最大规模，革新进步之日报”。1925年，京报馆自筹资金，在宣武门外骡马市大街魏染胡同建成新馆，新报馆是日式灰砖洋楼，楼下是营业部、传达室，楼上是编辑部、经理室等，这是当时北京新闻界唯一一座自建馆社。《京报》附设的昭明印刷所，除了承印《京报》外，还接受其他出版印刷业务，经济效益很好。报社实力的增强，使《京报》虽然没有特殊势力做后盾，但言论还比较自由，在反帝爱国运动、工人运动及后来的反奉活动中，能以较为公正的态度和鲜明的立场，赢得读者支持。

1926年4月26日，邵飘萍因言获罪被军阀杀害，《京报》再次停刊。1928年，北洋军阀政府垮台，汤修慧即于同年6月12日再次复活《京报》。如果说邵飘萍时代的《京报》是鲜活的、有生命力和战斗力的，那么，后邵飘萍时代的《京报》无疑走了下坡路，评论和新闻报道都不复当年的风采。

七七事变之后，汤修慧毅然关闭《京报》，抛弃全部家财、产业，逃出北京，《京报》也随之终结。抗战胜利后，汤修慧回到北京，短暂地续办过一段时间，因负债累累，只好将报馆抵押出去，《京报》又一次停刊，并再也没有恢复过。

《京报》报馆旧址

《京报》是邵飘萍独立创办的报纸，尽管新闻从业者在现实工作中不断强调中立与客观，仍然不可否认，任何新闻机构都是其创办人与经营者意志的反映，从这个意义上说，《京报》是邵飘萍一个人的报纸，他是《京报》的灵魂。

邵飘萍曾说过“夫新闻社为社会机关，在社会上有独立之地位，且此种独立地位，与任何国家机关，皆属平等”，注11 这句话说明邵飘萍对新闻传播者的角色权利是有深刻认知的。他认为，新闻业和新闻工作者应当保持自己的独立性，这样才可以在报道中不受挟持，才能正确地反映舆论和引导舆论。可贵的是，《京报》的独立姿态在其发展过程中被一直延续下来。在汤修慧时期，虽然对国民党政府有一定的依附，也

注11：《从新闻学上批评院秘厅对新闻界之态度》，《京报》1924年6月25日。

仍坚持“吾京报者，邵飘萍先生私人创办之报纸也”，“京报者，代表智识阶级之新闻纸；代表劳动阶级之新闻纸也”。[注12]

注12：《本报二次停刊之纪念》，1929年4月24日《京报》二版。

在邵飘萍生活的时代，报纸的生存环境并不理想，他反抗当权者对新闻自由的压制，是一个坚决的新闻自由主义者。他并不对当权者放弃言论专制抱有希望，他认为新闻界应通过斗争，使新闻事业“在基础正当的法律保护之下”，“达到法律上相当自由之目的”，并使“最后的胜利归于言论界”，“最后的胜利归于人民”。

在邵飘萍的身上集中体现了中国第一代新闻人的矛盾性：既谋求新闻媒体的“社会公器”职能，又不舍浓重的“书生报国”“文人论政”的传统士大夫情结；既追求新闻自由和记者的专业理想，又不自觉地陷入各种政治派别和思想力量的复杂纠葛中。因此，与其说他是一位“西风东渐”时代风云中的职业记者，不如说他是集报人、学者和政治家三种角色于一体，坚持中国文化传统又被西方新闻专业主义理念深深影响的新闻人，而邵飘萍本人的蒙难及《京报》的起起落落则预示着源于西方的新闻专业主义在中国似乎只是一种柏拉图式的理想范型。

（作者系《报人时代：邵飘萍与〈京报〉》一书作者，复旦大学新闻学院讲师）

历史上的创办报刊权是怎样的？都有哪些类型与制度形态？对于当下的制度形成又有哪些影响？

历史上的创办报刊权

洪振快

一、创办报刊权的不同制度形态

对于创办报刊之权，简单地说存在两种形态：一、没有自由创办权，即需通过政府的审批、特许及交纳保证金等才能取得创办权；二、可自由创办报刊，即无须政府审批、特许，只要履行简单的手续，向有关部门提供一定信息即可，甚至出版、发行前无须做任何事，只在出版、发行后有违法之处才受到追惩。具体地说，可以归纳为以下几种制度形态：追惩制、登记制、批准制（许可制）、保证金制。

追惩制是最为宽松、自由的媒介管理制度，也被称为自由制、放任制或报告制，其特点是报刊出版前不受任何限制（无须呈报登记或求得批准），只在出版后被发现有违法之处才依法受到制裁。目前英、美、法等国实行此制。

登记制，是向政府有关部门提供一定的创办媒介的信息，履行出版前的登记备案的制度，其特点是只要提供了一定的信息，政府就无权不予登记。目前世界各国中有很多国家实行此制，如芬兰、新西兰等国。我国香港、台湾地区目前亦采用此制。

批准制（许可制）是报刊创办者依据有关法律规定，向政府主管部门提出申请，经其审核、批准，取得许可证，方可出版、发行报刊。其与登记制的最大差别，是政府握有批准与否的决定权，可以因种种理由不予批准。批准制（许可制）在世界各国历史上曾经普遍存在，如英国历史上曾采用特许制，中国在清末、民国的多个时段也采用此制。目前仍有一些国家采用此制。

保证金制是创办报刊者须依据规定向政府主管部门交纳一定数目的保证金，才能获准出版、发行，如出版、发行后被认为触犯法律，则没收保证金，或用其扣抵罚金及诉讼费用。如1911年1月清政府颁布的《钦定报律》，其第33条规定："犯本律各条之罪，所有讼费、罚金及应行没收之款，自判决确定之日起，逾十日不缴者，将保押费（即保证金）抵充。不足者，仍行追缴。保押费已被抵充者，该发行人应于接到通知后十日以内，将保押费如数补足。违者至补足之日止，该管官署得以命令禁止发行。"通常保证金是作为辅助性的限制条件而存在的，在登记制或批准制中都有可能同时采用，单独采用保证金制的较为少见。如中国在1908—1916年间的多部出版法规中，既有采用批准制的，也有采用注册登记制的，但都同时适用保证金制。香港在1997年回归前一直采用登记制，有些时段同时适用保证金制，且保证金可以有变化，但有些时段则未同时适用保证金制。

关于设立保证金的目的，学界存有争议。有些研究者认为，设立保证金是为了限制报刊业的发展，所起作用是负面的。但也有研究者认为这种认识过于简单。20世纪30年代，有学者指出，一般来说，保证金的作用一在限制报刊的创办数量，二在防止不具备物质条件的报纸出现后扰乱报业。《钦定报律》颁布前的条文讨论中，主张设立较高保证金标准的宪政编查馆特派员顾鳌，在与主张降低或免缴保证金的资政院议员易宗夔、顾栋臣、雷奋等人的辩论中，就提出其目的是“限制一种无资本而不担责任、不遵报律之记载（“记载”指报刊）而已”。研究者认为，清末新闻法规中设立保证金的做法并没有束缚报业的发展。[注1]

注1：参见王学珍：《清末报律的制定》，《中山大学学报论丛》1994年第1期。

而香港在1930年亦曾恢复保证金制，并提高标准，以应对报刊的不负责任（详见后文）。

世界各国历史上关于创办报刊权的规定，除了上述的几种制度差别，还有一个重要差别，是对违犯新闻法规的处罚存在很大差异（详见后文）。这种差异不仅因制度差别而异，在一国的不同历史阶段即便都是采用同一制度，也会因历史情势之不同而有非常大的差别。

二、清末新闻立法中的创办报刊权

中国古有报纸，但无专门的新闻法规。报纸出现较早者如唐代已有的官方邸报，宋代出现了民间售卖的“朝报”“小报”等。不过，因中国古代农业社会不太需要信息传播，报刊发展所需的社会需求有限，报业也就没能得到大的发展。直到鸦片战争后的半个世纪中，中国的报业仍然没有大的起色。据一项统计，从1842年到1891年间，创刊于中国各大城市的报刊有76种，其中属于西方来华教会、传教士创办的占了60%。

近代中国处在所谓的“千年未有之大变局”中，但社会心态真正受刺激而大变，是从1894年甲午战败开始的。也是从这个时候起，报刊业迅速发展并对社会发挥重要作用。因应这一趋势，清政府从1898年戊戌变法开始尝试制定新闻法律，到清末宪政改革中相继出台了五部新闻法规，即《大清印刷物专律》（1906年7月）、《报章应守规则》（1906年10月）、《报馆暂行条规》（1907年9月）、《大清报律》（1908年3

月）和《钦定报律》（1911年1月）。

在1906年清政府正式出台新闻出版法规之前，对报刊的管理处于无法可依的状态。尽管有一些报刊被封禁或取缔，但事实上创办报刊无须批准，反而是有自由创办报刊之权的。《湘报》1898年3月2日登载的时人所说的一段话说出了这一状况，其文说："中国本不以报为应讲之学，听其自生自灭，国家未尝过问。"（《论阅报之有益》）"自生自灭，国家未尝过问"给了民间自由创办报刊之权。当然，享有这一权利的主要是在华的洋人，他们本来有法外特权，清政府难以过问，而华人创办报刊，也经常借助于洋人之名。

清末颁布的五部新闻出版法规，对于创办报刊有明确规定，总体来看，是从批准制向注册登记制演变，趋向于保护新闻自由。

1906年颁布的《大清印刷物专律》要求"所有关涉一切印刷及新闻记载"均须注册。印刷人注册的要求是："详细叙明实在，及具呈人之姓名、籍贯、住址，又有股份可以分利人之姓名、籍贯、住址。"未经注册，"不论承印何种文书图画，均以犯法论"，其处罚原则是罚款或监禁，罚款不超过150银元，监禁不超过5个月，可以罚款、监禁并处。报刊在该律中被称为"记载物件"。创办报刊也需要注册，注册要求提供的信息包括："记载物件之名称，或定期出版或不定期出版，出版发行人之姓名、籍贯及住址，出版发行所所在，有股可分利人之姓名、籍贯及住址，及各种经理人之姓名、住址。"注册申请提交之后，有关部门（当时京师由巡警衙门负责），须将"准注册与不准注册之情由"明白告知申请人。如申请人对不准注册的理由不服，认为"巡警衙门批斥不准之情由为不适当"，可以在12个月内向其上级部门——京师印刷注册总局"递禀上控"。[注2]

注2：本文所引清末、民国新闻法规原文见刘哲民编：《近现代出版新闻法规汇编》，学林出版社1992年版；张宗栋著：《新闻传播法规》，三民书局（台北）1978年版，为免繁琐，不再一一注明出处。

从注册要求来说，大多是必要的信息，没有对申请注册人的特定限制。虽然该律要求印刷和创办报刊需要经过批准，所以有研究者认为属于批准制，但实则要求不严，虽比登记制要求较为严格，但限制报刊发展的因素应该说并不多。

从民政部及其下属管理部门办理报馆注册登记的实际程序和结果

看，大多依照报律规定准予开办。当然也有例外，如贵州自治学社创办《惧报》申请登记时，被巡警道以“《惧报》之名，不甚雅驯，有失政府期望宗旨”为由驳回，批令“另拟报名呈送备核”，后改名《西南日报》获准出版。注3

注3：参见王学珍：《清末报律的实施》，《近代史研究》1995年第3期。

然而，不久后巡警部颁布《报章应守规则》（1906年10月），却对创办报刊提出了更严格的规定：“除已开报馆之外，凡欲开设者，皆须来所呈报批准后，再行开设。”这一规定一经公布，立即遭到报界的指摘和反对。次年清政府民政部又公布了《报馆暂行条规》，对创办报刊的限制并没有放松，其规定说：“凡开设报馆者，均应向该管巡警官署呈报，俟批准后方准发行。”这是严格实行批准制了，相对于《大清印刷物专律》是一个倒退。但实际执行中，批准的条件，可能与《大清印刷物专律》中的要求相差不大。

由于受到强烈的反对和指责，1908年3月颁布的《大清报律》对创办报刊的要求有所放松，改为注册登记制。该律一共42条，第一条即是对创办报刊的规定，具体内容是：“凡开设报馆发行报纸者，应开具左列各款，于发行二十日以前，呈由该管地方衙门申报本省督抚，咨民政部存案。一、名称；二、体例；三、发行人、编辑人及印刷人之姓名、履历及住址；四、发行所及印刷所之名称及地址。”第二条则对报纸发行人、编辑人、印刷人的条件做了进一步的具体规定，其要求有三：“一、年满二十岁以上之本国人；二、无精神病者；三、未经监禁以上之刑者。”

从这两条规定看，只要不是精神病患者或被处以监禁以上之刑罚，年满20岁的公民都有创办报刊权。创办报刊需要提供的登记信息都是最基本的信息，没有特殊要求。如果说有其他要求的话，主要是要交一定量的保证金（律中称“保押费”），其规定是：每个月出版发行四次以上的，保证金500银元；三次以下的，250银元；如果内容是“专载学术、艺事、章程、图表及物价报告”，确实有“开通民智”的社会价值，那么“由官鉴定”的，则免交保证金。在实际执行中，所知的例子，如北京的《进化报》《北京女报》等八种报刊，均按照其申请，依报律规定“由官鉴定”，免交保证金。

违反上述规定的，则处以罚金。如果没有登记即出版，发行人需交10—100银元罚金；呈报不实的，发行人交罚金10—100银元。违反第二条创办报刊人资格规定的，发行人需交罚金5—50元。对于申报内容是“专载学术、艺事、章程、图表及物价报告”而免交保证金，实际刊登内容超出此范围的，编辑人要处5—50银元的罚金。

而1911年1月公布的《钦定报律》，对创办报刊权的规定更为宽松。其表现是保证金和罚金标准相应调低：（1）保证金方面：每个月出版发行四次以上的，保证金由500银元调低到300银元；三次以下的，由250银元调低到150银元；并且增加了一项内容，见在京师、省会及商埠以外地方发行的，可以根据实际情况，保证金酌量减少三分之一到三分之二；免交保证金中增加白话报。（2）罚金方面：没有登记即出版，发行人需交罚金由10—100银元调低到5—50银元。此外，在创办报刊者的身份上，由原来的“未经处监禁以上之刑者”改为“褫夺公权或现在停止公权者”，规定更为合理。

三、民国时期的创办报刊权

1911年辛亥革命后，大清帝国崩溃，延续二千余年的中华帝制宣告终结，随即建立起中华民国。中华民国名义上是亚洲第一个民主共和国，但对媒体的管制却比清末宪政改革时期要严，新闻立法也趋向更多的管制，比之清末立法显得倒退，这一点在创办报刊权上的表现就是从登记制倒退到审批制了。实际上，《钦定报律》比民国时期的任何一部新闻法规都显得更符合现代文明标准。

民国建立之初，南京临时政府内务部认为《钦定报律》未经民国政府声明继续有效，例应废止。随即颁行《暂行报律》，通令遵行。该律规定：“新闻杂志已出版及今后出版者，其发行人及编辑人姓名，须向本部呈明注册，或向就近地方高级官厅呈明，咨部注册。兹定自令到之日起，截至阳历四月初一日止，在此限期内，其已出版之新闻杂志各社，须将本社发行人及编辑员姓名呈明注册，其以后出版者，须于发明前呈明注册，否则不准其发行。”这一规定，显然比《钦定报律》退步。由于另有一条并且规定言论如果对于“共和国体有破坏弊害”的，不仅要“停止其出版”，而且要治发行人和编辑人的罪，致使当时的报业团体“全国报界俱进会”致电临时大总统孙中山表示反对，孙中山迫于压力，立饬内务部取消。

1914年4月袁世凯当政时，又出台了《报纸条例》。该条例对创办报刊规定的是审批制。其规定是报纸发行人需向警察官署提供备案信息（包括名称、体例、发行时间，发行人、编辑人、印刷人的姓名、年龄、籍贯、履历、住址，发行所、印刷所的名称、地址），经其“认可后，给予执照，并将发行人原呈及认可之理由，呈报本管长官，汇呈内务部备案”。对于发行人、编辑人、印刷人的资格，在《钦定报律》的基础上，还规定四种人不能充当：国内无住所或居所者，海、陆军军人，行政司法官吏，学校学生。该条例还规定了保证金，比《钦定报律》提高不少。该条例于1916年7月黎元洪任大总统后被明令废止。

而1925年4月京师警察厅颁布的《管理新闻营业条例》作为地方法规，规定更为严格，其规定要求：“凡发行报纸杂志，须由经理人依照左列各款呈报于警察厅，以凭发给执照。”其信息除上述《报纸条例》的信息外，还增加了“资本数目”一项，而申请呈报后，“须俟官厅查明，核准发给执照，方得开始营业”。这一规定不仅适用于在京创办的报刊，“在国外或京外发行之报纸、杂志、通信社，如在京设立分发行所或分社时，应遵照本规则办理”。此条例中还有两条规定被认为是包藏险恶用心：一是规定“营新闻业者，须于呈报时取具妥实铺保，以资负责”，二是“报纸杂志之发行所，通信社之社址房屋，均须商得房主许可”。这两条规定，被认为是为了增添创办报刊者的麻烦，因为一般商民住户，对军阀畏之如虎，要他们为报刊作保，出具提供场所的同意书，将有可能惹祸上身，但如缺少这些规定的东西，则报刊、通信社的申请就有理由被驳回，以致无法创办。

1930年11月通过了《出版法》，该法于次月由国民政府颁布施行。该法较之前述《报纸条例》和《管理新闻营业条例》有所进步，创办报刊实行申请登记制，规定“新闻纸或杂志之发行，应于首次发行期15日前，以书面陈明左列各款事项，呈由发行所在地所属政府或隶属于行政院之市政府，转内政部申请登记”。要求提供的信息，除报刊名称、刊期、首次发行时间、发行所及印刷所之名称和所在地四项外，还有一项为此前新闻法规所无，即“有无关于党义、党务或政治事项之登载”，若有此项内容，“并应经由省党部或等于省党部之党部，向中央党部宣传部申请登记”，显示政党政治渗透新闻活动之中；此外，以往的创办报刊申请中要求提供发行人和编辑人的个人信息，该《出版法》则要求各版的编辑人信息都需要提供，显示管理朝细密方向发展。《出版法》规定登记“不收费用”。有几类人不能充当报刊的发行人或编辑人：一、在国内无住所者；二、禁治产者（即无行为能力者）；三、被处徒刑或一月以上之拘役在执行中者；四、褫夺公权尚未复权者。不申请登记或上述被禁止的几类人创办、发行报刊，均处200元以下之罚金；不申请登记或提供的信息不实，在获得合法申请登记前，有关部门可以停止该报刊的发行。

1931年出台的《出版法施行细则》及1935年出台的《修正出版法》，相对1930年《出版法》显示诸多退步，其重要表现是从注册登记制退步为批准制。《修正出版法》还规定，申请需要提交的信息，除基本的事项外，还需报告社务组织、经费来源及收支预算、编辑及发行计划，这意味着当局想全面掌控报刊的人事、财务和内容，这是之前的新闻法规所没有的。

1937年7月8日国民政府公布的新《出版法》除延续1935年《修正出版法》的恶劣规定外，对创办报刊人的资格增加了限制条款：因违反第二十一规定，或受刑事处分者。所谓第二十一条规定，是有三种言论或宣传的记载者：意图破坏中国国民党或违反三民主义者、意图颠覆国民政府或损害中华民国利益者、意图破坏公共秩序者。由此看来，凡公民有批评国民党、三民主义及政府的言论的，都有可能被剥夺创办报刊的权利。

此外，民国时期还有几项法规对创办报刊权进行了限制。一是1934

年11月国民党曾制定《戒严法》，规定："戒严地域内，最高司令官有执行左列事项之权。一、得停止集会、结社及游行、请愿，并取缔言论、讲学、新闻、杂志、图画、告白、标语暨其他出版物之认为与军事事有妨害者。"1948年5月，国共双方激战，该法于"动员戡乱时期临时条款"颁行后首次修订并公布施行。二是1942年3月颁布、5月施行的《国家总动员法》，作为抗战需要而实行的战时法令，其第二十二条规定："本法实施后，政府于必要时，得对报馆及通讯社之设立，报纸、通讯稿及其他印刷物之记载，加以限制停止，或命其为一定之记载。"第二十三条规定："本法实施后，政府于必要时，得对人民言论、出版、著作、通讯、集会、结社，加以限制。""政府于必要时"一句实含玄机，因为到底什么是"必要"得由政府说了算，政府有很大的自由裁判权，这相当于给政府滥用权力控制言论、出版提供了法律支持，在战时的特定条件下固有一定合理性，但也很容易被滥用。

综合上述各法规，可以看出民国时候的言论是不自由的，创办报刊权也受到了种种限制，总体而言是控制越来越严。

四、台湾、香港的创办报刊权

中国台湾，在清代为福建省的一个府（地级市），甲午战争后成为日本的殖民地，到1945年日本在二战战败后归还中国，被日本统治整整半个世纪。日本占台后即实行新闻管制，1917年12月18日，台湾殖民当局公布实施《台湾新闻纸令》。对于创办报刊来说，此令实行的是申请许可、交纳保证金、发行人身份限制等，如不遵守，会被起诉，受到重罚。《台湾新闻纸令》有打压和限制台湾本土华文报刊，扶持日本报刊的意图，此令实施的结果是华文报刊纷纷关闭，日文报刊相继出现。

1949年以后，国民党政府迁台，从1950年到1988年，台湾经历了一个近40年的"报禁"时期，直到1988年后才解除"报禁"。"报禁"时期政府对报业实行管制，其手段包括限证、限张、限印、限价、限纸等。尽管对报刊内容的检查非常严厉，但实际上这个时期台湾仍有创办报刊之权，其法规大多沿用民国时期的法规（包括上述之《戒严法》《国家总动员法》），或以民国时期新闻法规为底本修订（如《出版法》），但更为严厉。

以《出版法》上关于创办报刊的规定而论，1952年4月公布施行新"出版法"，对创办、发行报刊的申请"核与规定相符者"才"准予发行"。其中对违反规定的有四种"行政处分"：一、罚款；二、警告；三、禁止出售、散布或扣押出版品；四、定期停止发行。其中对停止发行的情形，包括出版前未进行申请登记，或申请时提供的信息不实。

1958年6月公布的经修订的"出版法"，在违犯法规的处罚上，除上述四种"行政处分"外，又加上"撤销登记"一条。"撤销登记"的情形有两种："一、出版品之记载触犯或煽动内乱罪、外患罪情节重大经依法判决确定者。二、出版品之记载以触犯或煽动他人触犯妨害风化罪为主要内容，经予以三次定期停止发行处分，而继续违反者。"这意味着，因政治或风化原因可能被"撤销登记"，不再享有出版权利。

总体上说，台湾在"报禁"期间对创办报刊的要求越来越趋于严厉，但创办报刊之权还是没有被完全剥夺。比如在"报禁"时期被封禁的几种著名报刊，都是在这一时期创办的。1949年11月20日在台北创刊《自由中国》杂志，是一本半月刊，逢每月的一号、十五号出刊。从创办到停刊，前后出刊260期，存活了10年9个月零10天。作为自由知识分子的阵地，《自由中国》对抗国民党威权政治整整十年，扮演了传播民主思想的重要角色，对台湾的民主转型起到很大的作用。1979年6月创刊的《美丽岛》杂志，也是一本对台湾民主转型起到重要作用的著名刊物，是国民党当局查禁的目标。在1980年代，《进步》《深耕》等杂志因为刊载李敖文章和其他原因而被查禁。当局封禁了很多报刊，前提是有创办报刊之权，若无创办报刊之权，则封禁亦无从谈起。

1987年台湾戒严令解除，用于封禁的恶法——"台湾地区戒严时期出版物管制办法"也于当年7月15日宣告废除，不过"出版法"直到1999年才被废止。当下的台湾，由于已完成了民主转型，其新闻自由受到保障，创办报刊之权亦有保证，实行的是简单的登记制。

中国香港由于鸦片战争失败而于1842年起成为英国的殖民地，至1997年回归祖国，历时155年中，实行的是一套独立的报刊管理制度。香港报业发达，据香港政府报刊注册管理部门资料显示，截至1997年2月28日，正式注册的香港“本地报刊”共有714份，其中，报纸50份（中文报35份，外文报15份）、电讯新闻稿5份、期刊659份。在历史上，1841年5月出现了英文报刊《香港公报》（*Hong Kong Gazatte*），十余年后出现了铅字排印的中文报刊。英国接管香港后即将其本土法律体系移植到香港。

香港的报刊管理法律1844年即诞生，该法例规定经营报刊与出版的东主只需申报简单的个人资料进行登记，甚至都没有诸如在英国本土实施的要求申报者缴纳400英镑保证金的条款，可见其相当自由。至1860年，由于出现了报刊牵涉司法诉讼案件，香港当局修正1844年法例，开始实行报刊注册缴纳担保金制度，作为诉讼赔偿备用款项，以避免报刊东主因无法缴清罚款而入狱的事件，同时也有避免报刊言论过激的意图。

1886年，香港立法局通过了新的报刊管理法规——《承印人与出版人条例》，规定报刊实行保证金制度：要求报刊付印前，必须由出版人或承印人向经历司缴纳保证金1200元，并由两名被经历司认可的人士提供相同款额的人事担保，以备以后可能的诉讼（诸如违反本条例或诽谤罪）的赔偿或罚金。此外，对保证金的应用、取回及处置等均有明确规定。由于诱发社会不安的恶意宣传物存在不断增加的趋势，1927年香港当局加强了对报刊出版管理的立法，对1886年《承印人与出版人条例》做了大幅修订，对报刊的注册事宜出台了新规定，比如取消注册保证金制度，将中、英文报刊分流注册，分别设立由港督委任的“注册官”和“副注册官”，分由华民政务司和最高法院经历司担任，分别掌管中、英文报刊注册。新法例同时增加了报刊注册法定负责人的范围，规定除了旧例所包括的报刊东主、出版人和承印人以外，总编辑也需要注册登记。1930年，针对取消注册保证金制度后出现不少不负责任的报刊内容，甚至涉及诽谤、勒索，又对1927年的条例进行修订，恢复保证金制，并提高标准，规定为港币3000元。

1951年，受中华人民共和国成立、朝鲜战争爆发等政治局势影响，香港当局出台了香港历史上最严厉的报刊管制条例，包括《刊物管制综合条例》《报刊登记与发行规例》《新闻通讯社注册规例》等。按照新规，该年8月香港当局要求新华社香港分社注册登记，中方则坚持新华社为国家通讯社，属于主权国家的国家机构，而香港分社是国家通讯社的一部分，故拒绝依照一般私营商业性通讯社登记。

1986年，香港当局对1951年法例进行修订，出台新的出版法例，撤销旧例中关于注册的一些规定（包括报刊注册需交保证金，授权注册主任拒绝接受或中止本地报刊、通讯社注册，授权查封印刷机，授权搜查、查封和没收刊物），增订新内容（包括呈送报刊备案与作为呈堂证据事宜，提高违法罚金，授权港督会同行政局修订关于非“报刊”法定范围的新附表）。

根据香港现行法例第268章即《本地报刊注册条例》规定，报刊和新闻社履行注册手续。注册无须交纳保证金，只须填报东主、出版人、承印人、总编辑的姓名、地址等基本资料，不用交代政治及经济背景。香港所有的报刊都是私营的，任何财团、机构或个人只须交纳注册费即可创办报刊。法定首次注册费为450港元，以后每年延续注册费为100港元，更改注册资料，每次收费45港元。注册后，出版人或承印人须于报刊每次出版的当天或次日（公众假期除外），将已出版的报刊一份，送交注册主任。报刊注册违例须受处罚，内容包括：不按注册程序办理，从事印刷、出版或编辑有关报刊均属违法，可按简易程序审讯，若被定罪，最高罚款为1000港元及6个月徒刑处分；若承印人或出版人违例，没有将出版的样报样刊送交注册主任，可由简易程序审讯定罪，最高可罚款1000港元。

《本地报刊注册条例》有两个条款被认为是较为明显地影响言论与新闻自由。一是第3条规定，报刊注册申请人除了按照规例所附标准表格填报规定资料以外，报刊注册主任还可以根据该条例所赋予的一项并无清晰界定的酌情权，权宜决定要求申请人提交有关报刊东主、出版人、承印人和编辑的个人资料，以及要求有关申请人须证明这些附加资料同样具有真实性。新条例中为了保护个人隐私，已将原有报刊申请表格上有关个人照片、家庭住址和电话号码等内容删去，但没有考虑把上

本地報刊註冊條例

（香港法例第 268 章）

報刊註冊及發行規例

本地報刊東主、承印人、督印人及編輯詳情

本地報刊名稱 ……………………………………

本地報刊地址 ……………………………………

……………………………………

出版次數 ……………………………………

（半年刊 / 季刊 / 月刊 / 雙週刊 / 週刊 / 日報 / 或其他）

東主全名 ……………………………………

東主辦事處地址 ……………………………………

…………………………… 電話：……………

*東主香港身份證號碼 ……………………………………

東主簽署或蓋章 ……………………………………

承印人全名 ……………………………………

承印人辦事處地址 ……………………………………

…………………………… 電話：……………

*承印人香港身份證號碼 ……………………………………

承印人簽署或蓋章 ……………………………………

督印人全名 ……………………………………

督印人辦事處地址 ……………………………………

…………………………… 電話：……………

*督印人香港身份證號碼 ……………………………………

督印人簽署或蓋章 ……………………………………

編輯全名 ……………………………………

編輯辦事處地址 ……………………………………

…………………………… 電話：……………

*編輯香港身份證號碼 ……………………………………

編輯簽署或蓋章 ……………………………………

我證實上述詳情和我本人的職稱全屬正確。

**填報人簽署 ……………………………………

填報人職稱 ……………………………………

（東主 / 承印人 / 督印人 / 編輯 / 或其他職稱）

日期 ……………………………………

註： *(i) 如並未持有香港身份證，則請填寫護照或其他旅行證件號碼。
如果是一間公司或其他法團，則請填寫公司登記號碼。

**(ii) 如果是一間公司或其他法團，應由該公司或法團的董事、經理、秘書或其他高級人員充任填報人。
如果是一間商行或合夥商號，應由該商行或合夥商號的合夥人充任填報人。

述附加资料之酌情权一并取消。这一对报刊注册主任的赋权，被认为提供了通过行政措施干预本来简单的申报注册手续，更可能被滥用而成为政府政治审查新创报刊机构之途径。二是第18（d）条规定，港督会同行政局可以在有关附属规例中，管制并非通常作为报刊整体部分的其他附送物品。鉴于新法例并没有就非报刊整体部分之内容做出清楚界定，故也被认为有可能导致被滥用来借以限制出版自由的途径。[注4]

(作者系《炎黄春秋》执行主编)

注4：本文关于香港出版法规的沿革，主要参考梁伟贤、陈文敏主编：《传播法新论》，香港商务印书馆1995年版。

传媒好书赏

MEDIA BOOKS

传媒好书赏

《总有一条路：新京报十年传奇》

我的前面没有路，我的后面是条路

曹保印

在转型期的中国，《新京报》注定是一个传奇，十年前是一个传奇，十年间是一个传奇，十年后还将是一个传奇。

不过，当我写下这句话时，我又突然想：在转型期的中国，除了作为媒体的《新京报》，恐怕只有为数极少的中国人，能将自己的生命过成传奇，过去是传奇，当下是传奇，今后还将继续是传奇。

尽管，当今中国每天都发生着种种电闪雷鸣的传奇，也有很多人在参与创造着传奇，但是，这些传奇常常会和大多数人擦肩而过，没等你回过神来，传奇就已经成为真正的传奇，让你望尘莫及。

之所以如此，是因为在转型期的中国，你不能按常理出牌，也不能按常理看牌，还不能按常理打牌，因为你参与游戏的牌局本身，就是没有规则的，或者说，规则无法设定，瞬息万变。变，是转型期中国不变的常态。认不清这一点，你连参与牌局的资格都将丧失。

在这样的牌局中，不输，已经是极难达到的目标；赢，更会成为传奇。赢家，绝大多数不是玩牌者，而是允许你玩牌者。这个看似在牌局之外，实则深入整个牌局、允许你玩牌者，虽然无时无刻不在你身边，虽然你能感受其真实的温度与气息，但你永远看不到。

然而，赢，也绝非完全没有可能。关键在于，你是否能参透牌局。至少，你是否能在牌局悄然巨变的瞬间，捕捉住转瞬即逝的机会，以电闪雷鸣之势，打出不让自己身陷绝境的王牌，却又从不抛掉自己的底牌。做不到这一点，你要么尴尬陪玩，要么直接出局。

在当代中国，作为一个人，活着，就是不输；有尊严地活着，就是传奇；有尊严而又有意义地活着，那就是神迹。作为一个媒体，同样的道理，活着，就是不输；有尊严地活着，就是传奇；有尊严而又有意义地活着，同样也是神迹。而有尊严、有意义的全部核心，并不在于你有多么高超的牌技，可以游刃有余地出局入局，而在于你将自己的灵魂置于何处，你信仰着什么，坚守着什么，追求着什么。

一句话：你的价值观等于你全部的尊严。要想过一种完整的、有尊严的生活，就必须坚定拥有一种完整的、能让整个世界也能让你自己美好的价值观。舍此，没有第二条路。美好的价值观，是你的唯一选择，它就是你全部精神生命的DNA，是你的灵魂，也是你最重要的底牌。有了这样的DNA，纵然你的前面没有路，转过身去，你的后面就是路。而如果没有这样的NDA，你的前后左右都不会有路，整个世界就是你的囚笼。不是别人囚禁了你，是你自己囚禁了自己。

换句话说，尊严从来不是别人给的，而是你自己坚守和争取的。一个没有尊严的人，一定是自己将尊严抛弃、出卖的人。同理，一个没有尊严的媒体，也一定是自己将尊严抛弃、出卖的媒体。

正像我在书中所写，对《新京报》来说，DNA在，灵魂就在。灵魂在，尊严就会在。而一个有尊严的媒体，才会赢得公众的尊重，也才会赢得被质疑者、被批评者、被监督者的尊重。

在书中，我讲了这样一个故事——

2009年2月，蒙牛特仑苏事件曝光，但蹊跷的是，很快各媒体包括网络在内，关于蒙牛的负面报道戛然而止，随即出现的是特仑苏在各媒体铺天盖地的广告。显然，很多媒体已被收买。在蒙牛特仑苏事件上，《新京报》并不是首报，而在这个事件之前，也并不例外地被蒙牛签了特仑苏广告，A03时事评论版半版，从周一刊至周五。凡是在《新京报》上刊发过广告的客户都知道，除了头版封面广告，在报纸所有的版面中，时事评论版是广告费最高的。

在蒙牛特仑苏广告刊出前两天，时任新京报广告中心负责人之一的杨曦微，接到流程管理部总监唐红斌电话，让他通知蒙牛，用其他广告替换下周一将刊登的特仑苏广告。杨曦微问为什么？结果被告知，采编要求换。原来，《新京报》经过深入的调查采访，已经准备好从下周一开始，报道蒙牛特仑苏事件，并且每天在时事评论版刊发评论，质疑特仑苏的产品质量问题；同时，在A叠做深度报道，计划也是报道一周。采编与经营，直接发生了对撞。

杨曦微没有直接给蒙牛当时负责政府公关和媒体传播的副总裁李彤打电话，而是让分管食品的高级经理和业务同事马上联系蒙牛相关人员，得到的答复是，没有别的稿子可换。蒙牛表示接受《新京报》曝其负面，但蒙牛的广告不能随意被替换和取消，因为稿件符合广告法，也跟新京报社签订了法律生效的认刊书。

看在100多万元白花花银子的份上，杨曦微跟报社相关领导沟通，能否让特仑苏广告和报社对蒙牛的负面报道同时都上，但得到的答复是，《新京报》不能像其他媒体，明明知道特仑苏有问题了，出钱可以消负面，出钱还可以上广告，要是这样，何以言《新京报》的责任？

最后，广告还是撤了。而一直以来，蒙牛跟《新京报》的合作非常好，并且是食品行业广告大户，如果在这个关键时刻撤了特仑苏的广告，《新京报》将要损失的，又岂止是一个100万元？然而，《新京报》依然选择了对公众负责，选择属于自己的媒体尊严。这件事情之后，尽管蒙牛一度不理解，甚至表达了自己的愤怒，但经过一段时间的利益权衡后，依然将广告投放在《新京报》上。有过类似经历的广告大户，还有国美电器，它在《新京报》的广告投放，比蒙牛还要多。

通过故事，你就可以明白，为什么在激烈的媒体竞争中，《新京报》赢了，而且一赢就是连续十年，从而成就了自己的传奇，也赢得了自己的尊严，创造了“品质源于责任”的《新京报》品牌形象。

然而，在风雨十年间，《新京报》也曾遭遇多次重大危机，而每一次重大危机，都曾将《新京报》置于绝境。2003年年底，《新京报》创刊不久，首任总经理喻华峰、首任总编辑程益中遭人构陷，身陷牢狱，虽然程益中被无罪释放，并获世界新闻自由奖，但却从此被迫与《新京报》无缘；而喻华峰则被判处徒刑，4年之后才提前出狱，也从此被迫与《新京报》无缘。在喻华峰、程益中先后被捕之后，《新京报》不但面临高级管理层的重大缺位，而且面临办报资金突然极为紧张的重大难题，即便如此，《新京报》依然恪守自己让世界更美好，让中国更美好的价值观，艰难而隐忍地走出了风暴区，品质依然，责任依然，风骨依然。

2005年年底，《新京报》又一次遭遇外围风暴，第二任总编辑杨斌突然被撤职，不仅引发外界高度关注，而且引发内部震荡，多位中层管理人员和骨干员工辞职，又一次将《新京报》置于风暴区。在种种猜测如蜂行蚁聚，各种压力空前突降，外界纷纷担忧《新京报》从此了无风骨之后，《新京报》又在极短时间突出重围，继续甚至更加坚定地走自己的路，品质更高，责任更强，风骨更劲，不但没有抛弃、出卖自己的尊严，反而更加努力做一份有尊严的报纸。

此后，2011年9月、2013年1月，《新京报》又连续遭遇外围强大风暴，但身处风暴中心的《新京报》，依然坚守住了自己的价值底线，坚守住了自己的媒体尊严，新京报人也坚守住了自己的职业报人风骨。在很多人看来《新京报》已经无路可走的时候，《新京报》不但依然坚定地走着自己的路，而且在新媒体技术的巨大挑战之下，转身全媒体，努力做互联网时代最美好的报纸，坚定守望百年大报梦。

事实上，自2003年11月11日创刊起，十年来，《新京报》一直将自己定位成以责任为灵魂，致力于记录时代步伐，追求进步、美好的报纸。一次次，《新京报》的前面似乎没有了路，但一次次，《新京报》都忍辱负重，突破重围，重新走出了一条新路。对《新京报》来说，路变了，但路标没有变，所以，无论遭遇多少磨难，《新京报》都一直向前。

传奇十年路，《新京报》告诉世人两个字：尊严。

有尊严，所以有价值。有价值，所以有灵魂。有灵魂，所以有品格。有品格，所以有未来。《新京报》如此，每个人也如此。

（作者系新京报传媒研究院总监）

推荐者说——

是我们的理想开启《新京报》生命，是我们的坚忍和激情支撑《新京报》走过艰难，走向荣光。

戴自更（新京报社社长）

作为创办《新京报》的决策者之一，看了《总有一条路：新京报传奇》，我倍感亲切。我要对《新京报》说："不管您走得多远，我们为曾拥有您而感到自豪。"

范以锦（暨南大学新闻与传播学院院长、教授，南方报业传媒集团原董事长）

心血浇铸品牌，使命缔造辉煌，十年成就传奇。曹保印的这本书告诉我们：《新京报》记录城事国事天下事，也书写出自己惊心动魄的故事。

朱永新（全国政协副秘书长、民进中央专职副主席、教授）

负责任，才能卓尔不群。有风骨，方能立于天地之间。《新京报》十年传奇路，风骨与责任同行。

师曾志（北京大学新闻与传播学院教授、北京大学公共传播与社会发展研究中心主任）

鲁迅说，路是人走出来的。我以为需有两个条件：较多荆棘载途，行者百折不挠。看看《新京报》这十年，读读这本书，深感这两个条件缺一不可。

童兵（复旦大学新闻学院资深教授）

无论媒体形态如何变化，无论政治与商业对新闻业有怎样的影响。我相信，有责任感、有荣誉感、有历史感、有担当感的新闻人永远是社会最宝贵的财富，因为他们是社会进步的脊梁，是中国社会民主进步的见证者与参与者。本书为我们展现了这群人的智慧、困惑与坚守，是我们了解中国新闻人最好的窗口。

吴飞（浙江大学国际文化与新闻传播学院院长、教授）

《洞察》

宁鸣而死，不默而生

王爱军

《新京报》创刊十年，新京报评论也奔走十年，一日不曾停歇，哪怕在春节这样应该莺歌燕舞的日子。

现在呈现在你面前的这本书，就是十年新京报评论作品的“代表者”。在浩瀚数千万字的评论作品中，这十来万字的内容，其实并不能对新京报评论进行精准描述，但窥斑知豹，从中捡拾十年记忆，也是一件有点意义的事情。

和新闻报道一样，新闻评论同样记录着“正在发生的历史”。十年记忆，复原的不仅仅是对一份报纸评论的点点滴滴，也是抚摸一个国家成长的年轮。

转型期的中国，一些落后的、错误的观念需要摈弃，更多新的理念需要树立；而旧观念并不肯自愿谢幕，开启人们的心智、以先进理念如春风细雨般滋润社会的每个细胞，力促整个社会形成对国家未来发展路径的共识，就成为新京报时事评论无可推卸的使命。

新京报评论一直努力践行“立于北京而怀远，彰显法治和人文，积极稳健有见地”的理念。负责任地引领舆论潮头，第一时间对热点事件发声；不偏激，不偏执，不图一时痛快，不奢望毕其功于一役，更看重“蜗牛般的进步”；崇尚建设性，不讽刺挖苦、冷嘲热讽，专业性地提供解决问题的途径和思路，拒绝道德审判和媒介审判。

十年，在中国媒体的“声音广场”上，《新京报》总是有着一席之地。而未来媒体的发展，面对新媒体的咄咄逼人，这一席之地能坚守多久？

没有标准答案。但我们知道，这个世界总是需要声音，谁也扼不住人类的喉咙，更不用说在人人都有麦克风的时代；正如“人人都会做饭，但厨师从来就不会绝迹”一样，专业化的声音总是会从嘈嘈杂杂的舆论场上脱颖而出，人们也一定会向着那些真诚的、理性的、能带来新的认知的声音奔去。

这才是“新评论”的价值。社会的发展也必然要求新闻评论与时俱进。就写作者而言，此前评论仅仅是媒体评论部的“职业写作”，后来扩大到社会各界，谓之“公民写作”。现在，更多从事专业研究的知识分子正在把头从书本上抬起，进入评论写作，拜网络或纸媒之赐，可以在书斋里“演讲”。新京报评论，不过是为他们提供了一个面向广场的扩音器而已。

只要“新京报评论”的品牌在，这些“演讲者”的声音是出现在“纸”上还是未来出现在网上，真的并不重要。

感谢所有为“新京报评论”呕心沥血的人。包括先写稿后吃饭的诸位作者，包括视评论为报纸灵魂的报社领导，包括日日“痛并快乐着”的编辑部里已经离开或还在坚持的可爱的同事。

十年，曾经携手；未来，仍会并肩。因为，宁鸣而死，不默而生，这是评论者的信条。

（作者系新京报副总编辑、评论部主编）

《风华》

与心灵对话

王爱军

这是一本对话集。

书房里打进一缕阳光，桌几上一杯清茶。记者和受访者面对面，问国家时事，谈创业艰辛，聊心路历程……这是新京报日常报道业务中最常见的场景。

《新京报》几乎每天都有对话之类的栏目。之所以看重对话，是这种原汁原味的采访形式，最能表现当事者的真正想法，口语的平易也拆掉了书面语言不易阅读的墙。

所谓“对话”，并非一定都是“对”的话。世界上绝无绝对的真理。这里的“对”，是找到“对”的人，和他面对面，袒露心声，真诚交流。

创刊十周年，先后有数百人走上了《新京报》的对话和访谈版面。这本书选取了其中39个人的对话录，大致包括3个方面的内容，一是专家学者和政府官员对国计民生问题的“诊疗”，二是创业家们谈自己的经历和对经济问题的看法，三是艺人讲述自己从艺之路和人生感悟。

篇幅最多的是专家学者对时事问题的分析。关于“慈善扶贫”，成思危建议建立对“富者扶贫”的激励机制；关于新一轮解放思想，人民日报原副总编辑周瑞金提出重在“还权于民”；马立诚则认为“中国改革需要新的观念突破”；环保部副部长潘岳多年前就提出“修修补补解决不了环境问题”，需要对环保问题进行革命性的变革，至今读来仍然振聋发聩；华生、姚洋、周其仁等经济学家对“改革红利”、城镇化、“经济升级”等中国经济改革也都提出了独到见解；法律专家陈忠林教授大力呼吁“立法是改革劳教根本之道”。

郑永年先生对“民族主义”有深刻的理解，提出要“防御性”的民族主义而不是“进攻性”的民族主义，后者会对国家民族造成灾难；李泽厚与易中天的对话，更是提出“警惕民族、民粹主义合流”；杨继绳针对世袭性的“官二代”“富二代”，提出“警惕社会阶层的固化”；而央视评论员白岩松谈常识、理性与信仰，他有一句话传播甚远：“我们走得太快了，慢下来，等等我们身后的灵魂”。

柳传志、俞敏洪、王健林、郭广昌、王中磊、雷军，这些媒体常客，其实更打动人的不是他们的财富，而是他们附着于创业经历上的思想富矿。关于财富，关于视野，关于感情，关于朋友……看看他们的访谈，或许真能改变对世界的些许看法。

还有我们常常侧目而视的艺人。大红大紫的葛优却低调地说“我就是赶上了”，因醉驾而坐牢的高晓松出来后接受《新京报》独家采访，坚信“人生都是写好的剧本，总能接着走下去”，而王石的女友田朴珺，哦，竟是一个那么有个性的女人。

《新京报》创刊时，有个口号叫“一出生就风华正茂”。本书取“风华”为名，一则是对书中主角的恰当评价，二则也是在追忆当年《新京报》“出生”的岁月。

猝不及防，人们忽然就走进了碎片化时代、浮躁时代。人们好像没有心情倚靠在慵懒的午后日光里，读一本书，也没有心情泡一杯浓茶，听朋友倾诉。可是，没有对话的时代，该是多么无聊、无趣。

这本书多多少少能改变些吧。想想，静静地旁听一群有见地的人的对话，说不定真是一种享受呢。

（作者系新京报副总编辑、评论部主编）

《探底》（上、下）

一个写作时代的到来

闾 宏

2011年，甘肃正宁发生校车货车相撞事故。那年11月21日，我们报道的导语这样写：

11月16日清晨，笔直的“郑周公路”在薄雾中向远方延伸。杨海军握着方向盘，把金杯牌9座校车开得飞快，拆掉坐椅的车厢里，62名孩子贴在一起。当看见路边的下沟砖厂时，他决定，逆向行驶，他要寻找路边等待走上校车的孩子。就在杨海军逆行的同时，校车里播放的儿童音乐正在王春娟身边环绕，这位坐在副驾驶上的幼儿园老师不知道，薄雾的另一端，厄运已悄然驶来。

而其他媒体同一天见报的深度报道则这样开头：11月16日9时15分，甘肃省庆阳市正宁县榆林子镇发生了一起不幸的交通事故，一辆货车与一辆榆林子镇小博士幼儿园接送校车迎面相撞，事故共造成21人死亡43人受伤，其中19名死者是幼儿。

后者是典型的硬导语，作为一则深度报道的开头，它已被这个时代摒弃。5W中规中矩，依次排列，但这些信息，于5天前，即事发当日，已在微博上广为流布。当下的“阅读”信仰是：你不吸引我，我为什么要花10分钟读剩下的5000字，不如刷500条微博。

碎片化、低技术含量的信息发布在新媒体上，如洪流般汹涌。但人类不会只满足于此。

2003年，《克利夫兰实话报》女记者康妮·舒尔茨，用系列文章描写了一名被冤枉的强奸犯，无端获刑13年。该组文章打动了真正的强奸犯，投案自首。康妮获得当年普利策特稿写作奖提名。这类文章无论于什么媒体什么年代，都是人们必需的精神食粮。

特稿，最具有文学气质的新闻报道，亦被称为非虚构写作。它严守客观性，但会着重描写故事气氛、人物性格，精心安排情节发展。它要求记者，有报道的态度，和写作的技能。

如今，该是记者进入写作的年代了，而不是仅仅只会报道。

西方，许多作家曾是记者，海明威在巴黎做过记者，杰克·伦敦曾为美国报馆写作，魔幻现实主义大师马尔克斯也曾客串过一次记者。

美国的特稿写作发端较早，始于19世纪，直至1979年，普利策奖委员会增设特稿写作奖后，这类新闻写作才被严肃报刊接受。美国有专门的学校传授记者写作技能，为记者编写的英文写作指南《风格的要素》也是畅销的工具书。

而中国的特稿写作，从某种意义上，可追溯到1995年，《中青报·冰点》栏目的创办曾让人惊艳。随后是南周的特稿。但因中国特殊的舆论环境，近20年里，特稿选手转型的转型，流散的流散。陈旧、简陋的消息体依旧是报业的主流文体。

但是，一切正在发生改变，尽管变速缓，却依然在变。新媒体的竞争，读者的换代，让僵硬文体丧失竞争力，对阅读体验的要求在不断升级。

《新京报》创刊后，一直摸索如何做深度报道，如何写特稿。十年，从最初的懵懂，到如今已搭上了一点脉。

本书中挑选的特稿报道曾被广泛关注，也体现了适度的影响力：其中有官员被报道后锒铛入狱，有良民在报道后逃出生天，一些违法拆迁叫停，一些“神医”光环黯淡。

这些稿件大都涉及到人，小人物在大时代下不寻常的命运。这也是特稿体裁的显著特征：展现命运。哥伦比亚大学梅尔文·门彻谈到特稿时说，“事件具有人的维度，才值得传播。”这也是我们常说的，在新闻中要见到人。

但这只是事件到人的维度。好的特稿还需要有“人到事件”“人到社会”的维度。即从人物身上能揭示出我们社会的某种存在。那才是一篇有深刻内涵的特稿。比如：贫病夫妻相缚投江，在农村医疗的困境中，一对夫妻投江自尽。

这些特稿报道未必能给出一个精准的特稿定义，但不乏一些隽永佳作，也算是给那些有志于写作的记者，抛砖引玉。

做严肃媒体的，都是无可救药的梦想者。他们坚信，没有现实，会比梦想更长。在他们内心深处的包袱里，裹藏着久违的希望。凭借这种希望，才能在崎岖坎坷、苦痛悲哀中，触摸到打动人的力量。正因为有这样的精神内核，特稿才会闪现出文本美。

当然，对深度写作来说，除了特稿性报道，还有调查性报道，而后者尤其需要严密的逻辑链、缜密的证据链、扎实冷峻的文本，同时不能失去可读性。要做出优秀的调查报道，记者往往要付出很多意想不到的代价，有时候甚至会冒着生命危险。这个时候，就特别考验记者的职业精神和专业能力。好在，这两点，在新京报调查记者的身上，从来都不缺。

所以，在本书中，除了精选《新京报》十年来的特稿报道，还精选了部分调查报道，透过这些调查报道，你自可以看到让你震惊的真相，以及你完全想不到的种种黑幕。而之所以要做这些调查报道，目的无他，只是要让我们的社会多一份美好，少一份罪恶。

新京报，等待每一个加入写作年代的记者的到来。

新京报，等待每一个有责任感、有正义感的记者的到来。

（作者系新京报深度报道部主编）

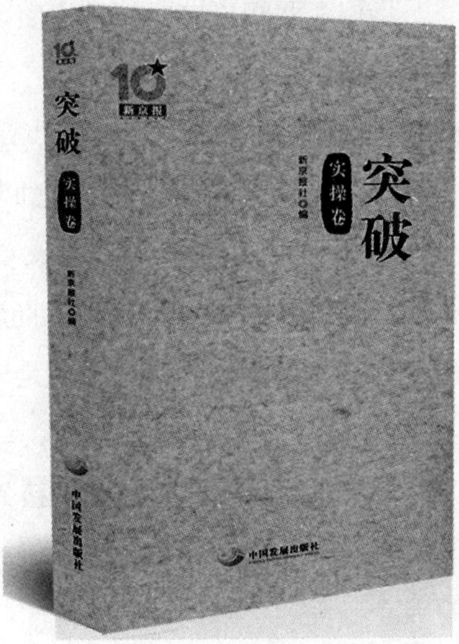

《突破》

突破，你能吗?

曹保印

直说了吧，不想发表独家报道的记者，不会是好记者；而要想发表独家报道，就必须先实现各种突破，其中最难的是突破自我。独家，可以是独一份的消息，可以是独一份的角度，可以是独一份的观点，可以是独一份的逻辑，还可以是独一份的材料。一个字：独。

怎么突破？突破什么？从哪里突破？突破的功夫如何修炼？

在这篇文章中，我不想说大道理，而只愿讲小故事。悟性高的，自可从故事中明白无数道理，从而举一反三，触类旁通；悟性低的，自可津津有味地看看故事，比葫芦画瓢，学一学实用的小招式。

现在，故事开讲！

王菲和李亚鹏结婚

对，你没看错，就是王菲和李亚鹏结婚，不是离婚。

2013年9月13日，王菲和李亚鹏离婚，消息传出，迅速成为各大媒体关注的焦点，《新京报》也做了头版封面报道。

不过，这不是我讲这个故事的重点，我的重点是他俩的结婚。对《新京报》来说，王菲和李亚鹏离婚的消息并不是独家报道，谈不上突破，但他们结婚的消息，却是由《新京报》全球独家首发的。

王菲和李亚鹏的恋爱，从2004年到2005年，一直是娱乐媒体关注的焦点，所有人都知道他们肯定要结婚，但没人知道是什么时候结，在哪里结。

2005年7月29日上午，新京报文化娱乐部记者接到主编电话，说有知情人爆料，王菲和李亚鹏中午会在北京什刹海附近的小王府吃饭，具体为什么吃饭不知道原因。

普通人在一起吃饭不是新闻，名人在一起吃饭就是新闻，一对恋爱中的名人在一起吃饭更是新闻，何况两位都算是超级名人。

随即，记者杨林和徐万涛就赶赴小王府一探究竟。

到了小王府，他俩发现门口停的是新疆牌照的汽车，联想到李亚鹏是新疆出生，便推测王菲和李亚鹏可能会在里面。当时，小王府大门紧锁，杨林试探敲门，门开后保安问来干嘛，杨林说："来赴宴。"

说这话时，杨林中气十足，俨然是真正的赴宴宾客。于是，保安未再多问，便让杨林直接进去了。接近餐厅门口时，杨林发现了李亚鹏的经纪人李亚伟，直觉王菲和李亚鹏肯定就在里面吃饭，于是，在和李亚伟寒暄时，迅速溜了一眼包间的门缝，瞬间便触电了！

包间里，王菲穿着白色婚纱！

随即，杨林提出想拍照采访，李亚伟见势不好，马上将他送出小王府。但，新闻已经采到了：王菲和李亚鹏当天正在摆婚宴。唯一可惜的是，俩人出来后打着伞，让徐万涛很难拍到两人的正脸。

第二天，《新京报》刊发全球独家新闻：王菲和李亚鹏结婚。

对记者来说，呈现在这类新闻上的突破，就是没有请柬也能进得了门，拿得到料。这种突破看似简单，其实技巧非常微妙，它要求记者既要沉得住气，又能稳得住神，藏万丈波澜于方寸心中。

轻松一刻的娱乐报道讲究进门，所有的新闻报道都讲究进门，特别重大的新闻报道更讲究进门。拿着记者证，在被采访人的掌声中进门，对记者来说算不得本事；越是拿着记者证，越是不让你进门，不但不让你进门，而且对你层层设防，你却能进得了门，拿得到料，才是记者的本事。做不到这一点，你连合格记者都不算。

厕所里面堵副总理

对，你还是没看错，就是在厕所里堵副总理，而且堵的是女副总理，不是副总经理，更不是女副总经理。

2005年3月11日下午，国务院副总理吴仪参加全国人大浙江团分组审议，新京报记者赖颢宁被临时派出盯人。到达会场时，吴仪已经安坐在主席台上，会前堵人的机会错过了，赖颢宁只得等待机会。

发言过了大半，吴仪突然起身离座，赖颢宁的第一判断是她要离场，马上提起已经收拾好的手提包，从侧门跟上，录音机攥在手中，准备堵住吴仪副总理采访。

门口近十名工作人员围上，吴仪跟他们简单交谈几句后，独自向前走，高大的保卫人员紧随其后。这时，赖颢宁意识到机会来了，因为吴仪没穿大衣，肯定不是离场，而是上厕所，保卫人员都是男性，不能跟到女厕所，而赖颢宁作为女记者却可以和吴仪单独相处。果然，赖颢宁一路尾随，没有任何阻拦，只有灼灼注视的目光。

吴仪进了厕格，赖颢宁在洗手台假装洗手掩饰，担心吴仪知道自己跟至厕所采访反感。很快，一名女工作人员进来了，很显然，她是被紧急派进来的。赖颢宁的手洗了三四遍了，终于听到了冲水的声音，赖颢宁立即把录音机又攥到右手中，并按下录音按钮。

吴仪走到洗手台，离赖颢宁只有半米距离，赖颢宁左手把水龙头关了，侧身，微笑，说："吴副总理，你好。"吴仪还以微笑。赖颢宁继续说："我是新京报的，想问您一个问题。""哪个报？""新京报！"赖颢宁大声重复了一遍。"噢，好。"这个"好"字，虽然只是意味着吴仪知道的意思，但也是她并不反感的信号。

于是，赖颢宁把问题抛出来了："这次'两会'很多人大代表提出实行免费婚检，您怎么看？"吴仪一边擦手，一边侧身向赖颢宁回答："我个人的考虑是，在传染病高危地区推行免费婚检……"问题没有结束，吴仪边走边谈，赖颢宁尽量把录音机放得离她近点。一出厕所，那些高大的保卫人员立即围上，在赖颢宁身边隔着。

回答完了后，吴仪快步向前走，回头叮嘱赖颢宁："这个可别帮我报出来，还有很多工作需要做。"她进了会场，工作人员散开了，其中一名保卫人员冲赖颢宁说："真厉害，竟然在厕所堵总理。"

全国"两会"是每年的新闻盛宴，也是新闻战场，在这个特殊的新闻战场上，不要说独家采访副总理，就是想独家采访参会的代表委员，都会异常艰难。然而，新京报记者赖颢宁偏偏就实现了突破，在厕所里采访到了副总理。虽然采访到的内容当时不能公开报道，但成功采访到吴仪副总理这个故事本身，就已经是极有味道的独家新闻了。

对记者来说，呈现在这类新闻上的突破，就是眼观六路，耳听八方，敏锐捕捉新闻现场的每一个信息，并能够迅速做出精准判断，稍有差池，独家新闻就会转瞬即逝。它考验的，往往是记者的聪明劲儿、机灵劲儿，当然，做好这一切的前提，是必须要有对采访对象所涉问题的精心准备。否则，就算是将副总理堵在了厕所里，也没多少实际意义。事实上，在全国"两会"上，类似情况有很多，有不少记者堵住了代表委员，却张口结舌说不出问题，或者所提问题问非所答。

"笨小孩"感动高晓松

对，你依然没看错，就是"笨小孩"，不是聪明小孩。而且，这个"笨小孩"就是新京报记者，她感动高晓松的，不是鲜花，而是用最笨的方法发出的一条条笨笨的约请采访的短信。

2012年11月8日，因醉驾入狱的高晓松结束牢狱生涯，于是，媒体纷纷出动，四处追击，试图采访高晓松的铁窗生活。然而，无一例外的，高晓松全部回拒。

当天，新京报文娱新闻部记者刘玮也给高晓松发去采访短信，虽然明知难以约上，但还是想表达一下《新京报》的关注和关心。果然，出狱当日，高晓松并没有回复她，尽管刘玮隔几天就发个短信给他，但依然没有得到任何回复。

11月底，高晓松生日那天，刘玮又给高晓松发了个短信，结果得到了高晓松的回复。这实际上是一个巧合，因为刘玮并没特别注意到这天是高晓松的生日。用刘玮自己的话说，“如果没记错的话，那是他第一次回复我。大意是说，他近期还不太想接受采访，希望我能给他一段时间让他自己先静一静”。

这条回复也让刘玮觉得有了希望，因此继续保持着几天一个短信的频率。但事情到此也就僵持住了，再无进展。此后，虽然看到了高晓松接受柴静《看见》节目采访的消息，刘玮随即又给高晓松发了短信，但高晓松依然不再回复。一切，似乎又回到了最初的出发点。

刘玮不甘心，又想办法求高晓松的朋友冯唐、老狼帮忙，但均告失败。在约高晓松采访期间，偶尔刘玮会收到回复，但口径都差不多，就是再等等，再等等，再等等……刘玮觉得，就算是他在敷衍自己，有回复就说明有希望，而自认为“笨小孩”的刘玮能用到的办法，也就是不断地发短信，发短信，发短信，发短信。

12月中旬，高晓松突然松口，在几番沟通之后，最终同意接受采访。12月底的一天下午，刘玮来到高晓松办公室，从午后聊到天黑，在昏暗的冬日傍晚，刘玮只见高晓松点燃一根根香烟的亮光。

事后，刘玮问高晓松，为什么最终同意接受自己的采访？高晓松说，他出来第一天，全国有名字的媒体都在给他发短信约采访，一周后剩了一半，一个月后又少了一半，最后只有刘玮在“想着他”，他甚至觉得“有点感动”。

也许是上天也被“笨小孩”刘玮的执着感动了，柴静采访高晓松的节目居然没有播出，这就使刊发刘玮和高晓松对话的《新京报》，成为独家报道高晓松“牢狱心路”的媒体。

其实，包括我在内的很多新京报记者，也是像刘玮一样的“笨小孩”。2005年，为了采访一位拒绝采访的农民工子弟学校的校长，我整整一天都在不停地向他编发“动之以情，晓之以理”的短信，最终彻底感动了他，接受了我差不多整整一夜的采访。

而新京报记者马力，为了能采访到环保部官员，在工作人员明确表示“我们部委从来不接待都市类媒体”之后，在环保部楼下长时间“部门立雪”，硬是生生感动了这位官员，最后不但接受了他的采访，而且介绍马力认识了环保部其他更多的官员，关系处得非常好，迅速打开了马力“环保线口”的工作。

表面上看，我们都是“笨小孩”，用的都是“笨”方法，但恰恰是这种“笨”，最终使采访取得了突破。而实际上，这并不是“笨”，而恰恰是对职业的热爱，对事业的执着，对价值的坚守。作为记者，如果缺乏“笨”的精神与行动，总是想走捷径，往往欲速则不达。

刘玮成功采访高晓松的故事，也曾感动了新京报总编辑王跃春，在新京报的BQQ主编群里，她曾要求主编学习刘玮的“笨”劲儿，想尽一切办法，穷尽一切手段，不放弃一切可能地努力突破自己。

三个故事讲完了，对于突破，你有什么感想？不管你怎么想，我的感想是：突破，真正的障碍不是别人，而是自己。为什么这样说？我不告诉你，你自己好好看这本书吧，书里更多的突破故事，会告诉你更多关于怎么突破，突破什么，从哪里突破，突破的功夫如何修炼的答案。不过，需要提醒你的是，答案都不是现成的，而是每一个都需要你自己去思考，去感悟，去寻找，去探索。

还等什么？去看一看，想一想，试一试，定一个看似不可能实现的目标，去努力突破自己吧，无论你是不是记者，你都需要！

（作者系新京报传媒研究院总监）